Intelligenz der Materie

Eine Frage der Definition

Herstellung und Verlag:
BoD Books on Demand, Norderstedt
ISBN 9 783753460857

4. Auflage
gunterhiller@gmail.com

Vorwort

Um es gleich vorwegzunehmen, diese Abhandlung ist kein Beweis für oder gegen eine Intelligenz der Materie. Sie soll nur aufzeigen, wie dramatisch die eine oder die andere Annahme unser Weltbild prägt oder prägen könnte.

Als Physikstudent bin ich mit der Gewissheit aufgewachsen, dass Physik die Wissenschaft der toten Materie sei. Diese Vorstellung ist so tief verwurzelt, dass die meisten Physiker immer noch davon ausgehen, dass Materie unveränderlichen Naturgesetzen gehorcht. Einstein postulierte, dass man Kosmologie nur sinnvoll betreiben kann, wenn man annimmt, dass diese Naturgesetze immer und überall im Kosmos gültig sind.

Dieses Postulat hat eindeutig religiöse Züge und ist wie Religionen selbst weder beweisbar noch überprüfbar. In meinem Essay *Religion vs. Physik* habe ich bereits darauf hingewiesen, dass eine endliche Informationsgeschwindigkeit, wie wir sie in unserem Kosmos vorfinden, eine primäre Gleichzeitigkeit (für einen Betrachter) ausschließt. Wenn wir annehmen, dass eine ferne Galaxie mehrere Millionen oder Milliarden Lichtjahre entfernt ist, können wir nur erahnen, wie diese Galaxie zu dieser Zeit beschaffen war, aber nicht, wie sie sich in diesem Zeitraum bis heute verändert hat.

Traditionell wird Intelligenz als Fähigkeit [des Menschen] definiert, abstrakt und vernünftig zu denken und daraus zweckvolles Handeln abzuleiten. Diese Definition entspringt einem anthropozentrischen Weltbild, das viele Fragen offenlässt und nicht mehr neueren Erkenntnissen entspricht. Allein die Intelligenz der Pflanzen, wie sie beispielsweise von Stefano Mancuso vorgeschlagen wird, setzt dieser Vorstellung Grenzen. Dass man auch Tieren eine Form von Intelligenz zuordnen kann, wird inzwischen in den Wissenschaften kaum noch bezweifelt.

Pflanzen und Tiere (einschließlich des Menschen) unterscheiden sich unter anderem dadurch, dass man Pflanzen kein zentrales *Intelligenzzentrum* zuordnen kann. Bei der gerade genannten Definition sind Intelligenz und Vernunft irgendwie miteinander gekoppelt und der Begriff *vernünftig* ist dabei immer mit Erfahrungen verknüpft, denn ohne einen Bezug ist *vernünftig* eine leere Hülse. So wie eine Information ohne einen Empfänger sinnlos ist, so ist auch Vernunft sinnlos ohne einen Bezug.

Wenn etwas völlig Neues, Emergentes, nie zuvor Dagewesenes passiert oder entsteht, ist der Begriff *Vernunft* völlig sinnlos. Es kann nur betrachtet werden, ob das Neue Vorteile mit sich bringt, aber dazu ist ein Vergleichen notwendig, ein Vergleichen des Neuen mit dem Bewährten. Ein Vorteil ist zunächst eine Qualität und es stellt sich daher die Frage, wie man unterschiedliche Qualitäten bewerten kann.

Wenn man beginnt, darüber nachzudenken, kommt man ganz schnell in eine Endlosschleife, weil jede Annahme neue Fragen aufwirft und immer wieder modifiziert werden muss. Was gerade vernünftig erschien, kann im nächsten Moment gar nicht mehr so vernünftig sein und es erscheint ratsam, die Definition von Intelligenz von Vernunft abzukoppeln.

Die Definition von Intelligenz ist extrem kritisch und von individuellen Prägungen gekennzeichnet. Ich habe mich bemüht, eine möglichst allgemeine Variante zu formulieren, die situationsbedingt angepasst werden kann.

PS: (Primäre) Gleichzeitigkeit bezieht sich in dieser Abhandlung immer auf <u>einen</u> Beobachter oder Beobachtungspunkt. Natürlich können unterschiedliche Beobachter an verschiedenen Orten gleichzeitig beobachten, deren Aufzeichnungen sind aber nicht gleichzeitig an einem Ort jetzt verfügbar, vielleicht später einmal in einem Rückblick.

Berlin, im März 2021

Inhalt

Die Welt ist ein lebendiges Wesen

Paracelsus

Einleitung

Eine Abhandlung über Intelligenz jedweder Form setzt eine sehr gute Definition voraus. Bei Wikipedia findet man beispielsweise eine traditionelle geisteswissenschaftliche Auffassung, bei der Intelligenz als Fähigkeit [des Menschen] definiert wird, abstrakt und vernünftig zu denken und daraus zweckvolles Handeln abzuleiten.

Diese Erklärung entspringt einer philosophischen Denkweise, die mindestens bis zu den alten Griechen zurückverfolgt werden kann. Zwei Begriffe springen bei dieser Definition sofort ins Auge, *vernünftig* und *denken*, zwei Begriffe, die bereits wieder einer eigenen Erklärung bedürfen.

Nach Wikipedia werden unter *Denken* alle (psychologischen) Vorgänge zusammengefasst, die aus einer inneren Beschäftigung mit Vorstellungen, Erinnerungen und Begriffen eine Erkenntnis zu formen versuchen. Wenn man Vorstellungen, Erinnerungen und Begriffe vornehmlich als äußere Einflüsse einstuft, dann bezeichnet Denken folglich eine innere Beschäftigung mit äußeren Einflüssen. Selbst wenn man die innere Beschäftigung als stringent betrachtet, unterliegen die äußeren Einflüsse keiner eindeutigen Vernunft.

Vernunft wiederum bezeichnet in der modernen Verwendung ein durch Denken bestimmtes geistiges menschliches Vermögen zur Erkenntnis (Wikipedia), die geistige Fähigkeit des Menschen, Einsichten zu gewinnen, sich ein Urteil zu bilden, die Zusammenhänge und die Ordnung des Wahrgenommenen zu erkennen und sich in seinem Handeln danach zu richten.

Dieser kleine Exkurs in die Erkenntnistheorie sollte bereits ausreichen, eine *klassische Intelligenz* einzuordnen, als die Fähigkeit, Zusammenhänge und die Ordnung des Wahrgenommenen zu erkennen. Diese Intelligenz bezieht sich allerdings nur auf ein *Wie*, nicht jedoch auf ein *Warum*, bezieht sich auf eine Erklärung der Vergangenheit. Eine Vorhersage für die Zukunft ergibt sich dann aus einer Fortschreibung der erkannten Regeln und *Naturgesetze*. Das funktioniert natürlich nur dann, wenn diese *Naturgesetze* unveränderlich sind.

Diese Vorstellung ist natürlich faszinierend und die Ewigkeit und ein ewiges Leben haben die Kultur der Menschheit seit Anbeginn geprägt. Ein ewiger Gott und ewige Naturgesetze sind die Merkmale von Religion und Physik und solange Veränderungen nicht wahrnehmbar oder nicht messbar sind, ist gegen diese Vorstellung nichts einzuwenden. *Was ich nicht weiß, macht mich nicht heiß!*

Probleme ergeben sich erst, wenn man nicht ganz unveränderliche Naturgesetze in die Ewigkeit fortschreibt, egal, ob in die Vergangenheit oder in die Zukunft. Beschränken wir uns auf die Vergangenheit, bedingen veränderliche Naturgesetze eine Unsicherheit der Vergangenheit. Es gab sicherlich nur eine Vergangenheit, wir wissen nur nicht genau welche.

Allerdings ließe sich die Vergangenheit nachvollziehen, wenn auch die Veränderungen Regeln genügen würden. Dann wären die Veränderungen zwar nicht mehr linear, aber nachvollziehbar. Das ist die Hoffnung der theoretischen oder mathematischen Physik. Dafür müsste aber für jede Veränderung eine Regel existieren, die weitere Regeln nach sich zieht.

Diese Regeln oder Naturgesetze sind zunächst nichts anderes als Ordnungsprinzipien. Wir nehmen Ordnung wahr, sowohl als Strukturen im Raum als auch als Abläufe in der Zeit und versuchen, deren Ordnungsprinzipien zu ergründen. Über Jahrhunderte beherrschte die Ansicht, dass diese Ordnungsprinzipien göttlichen Ursprungs sind, das menschliche Denken.

Gott lenkt und der Kaiser (Mensch) denkt.

Diese Vorstellung beherrschte die Philosophie vom Altertum bis in die Neuzeit, das ultimative Wissen war Gott oder den Göttern vorbehalten und es war Aufgabe des Menschen, diesem Wissen näher zu kommen, ohne jedoch die Allmacht Gottes in Frage zu stellen. Diese Vorstellung hat sich bei uns Menschen so eingeprägt und wurde von verschiedenen Religionen so vehement vertreten (Inquisition, Ketzerei), dass praktisch alle Widerstände im Keim erstickt wurden.

Das erklärt auch, weshalb gar nicht erst nach dem *Warum* gefragt werden muss und man immer noch gefährlich lebt, wenn man vielleicht berechtigte Zweifel an der Allmacht Gottes hegt. Damit wird Intelligenz letztlich auf die Erkenntnis und das Erkennen der göttlichen Ordnung reduziert.

Inzwischen hat aber die biologische Evolution und in ihrem Schlepptau die kulturelle Evolution Eingang in unser Denken gehalten. Wenn etwas völlig Neues, etwas Emergentes entsteht, ist Vernunft kein Maßstab oder adäquates Mittel, denn vernünftig ist per Definition nur etwas, was sich bereits bewährt hat. So wie sich Perfektion und Evolution gegenseitig ausschließen, so müssen sich auch Vernunft und Kreativität gegenseitig ausschließen.

Wenn man zweckmäßiges Handeln als vorteilhaftes Handeln versteht, dann macht der Begriff *Vernunft* in der Evolution überhaupt keinen Sinn. *Vernunft* kann sicherlich eine vorhandene Ordnung erkennen, bzw. ist es ihre Zielsetzung, diese zu erkennen, aber es obliegt ihr nicht, zukünftige neue Ordnungssysteme zu entwickeln.

Wenn man Evolution berücksichtigt, ist die anfangs zitierte Definition der Intelligenz unpassend und bevor man eine andere Definition entwickelt, lohnt es sich, Evolution näher zu beleuchten. Wie bereits gesagt, sind uns bereits zwei Evolutionsformen geläufig, die biologische Evolution und die kulturelle Evolution des Menschen.

Bereits in seinem Buch *Der Zeitbaum* analysierte Friedrich Cramer, dass die kulturelle Evolution ca. eine Million Mal schneller ist als die biologische Evolution. Dabei ist der genaue Zahlenfaktor gar nicht so wichtig, sondern allein die Tatsache, dass die kulturelle Evolution sehr viel schneller ist. Das wird sofort deutlich, wenn man den heutigen Menschen mit dem Neandertaler vergleicht, der vor ca. 30 bis 40 Tausend Jahren existiert hat. Rein biologisch gesehen sind die Veränderungen marginal, auch die Größe des menschlichen Gehirns hat sich nicht groß verändert, dagegen hat die kulturelle Evolution, besonders in den letzten Jahrhunderten, eine phänomenale Entwicklung genommen.

Diese unterschiedlichen Entwicklungen werden erst deutlich, wenn man eine übergeordnete Zeitskala, z.B. eine geophysikalische Zeitskala, zu Hilfe nimmt. Noch eindrucksvoller wird diese Diskrepanz, wenn man sich nur auf die geschichtliche Neuzeit bezieht. Man bezeichnet die kopernikanische Wende (um 1493) oft als Beginn der Neuzeit und allein die wissenschaftliche Entwicklung in diesen gut 500 Jahren ist so dramatisch und lässt sich biologisch nicht erklären.

Dennoch würdigt diese Neuzeit nicht die gravierende Umwälzung der Wissenschaften durch die *Entdeckung* der Evolution, die maßgeblich von Jean-Baptiste de Lamarck und Charles Darwin initiiert wurde. Evolution lässt sich nur verstehen, wenn man ein neues Element zulässt, den Zufall. Eine beeindruckende Analyse der Evolution stammt von Jacques Monod: *Zufall und Notwendigkeit.*

Eine *zufällige* Evolution widerspricht jeder Vernunft und damit unserem traditionellen Denken. Die Kernpunkte dieses Widerspruchs habe ich in meinem Essay *Evolution vs. Physik* behandelt. Hier ist zunächst nur wichtig, dass die Erkenntnisse der Evolution eine neue Definition von Intelligenz nötig machen.

Betrachtet man allein die Neuzeit, könnte man zu dem Schluss kommen, dass sich der Mensch biologisch überhaupt nicht verändert hat, sondern nur seine Kultur, zumindest ist seine biologische Entwicklung gegenüber seiner kulturellen Entwicklung vernachlässigbar. Geht man dagegen zu den Neandertalern zurück, ist auch eine biologische Veränderung bemerkbar.

Die biologische Evolution ist vergleichsweise langsam und konnte erst entdeckt oder wahrgenommen werden, als man sich vom biblischen Alter der Welt (ca. 10.000 Jahre) löste. Das ist ein typisches Beispiel dafür, wie unsere (unbewiesenen) Annahmen oder Vorstellungen unser Bild der Welt prägen. Auch heute noch glauben viele Menschen an unveränderliche Naturgesetze und ein kosmisches Alter von ca. 13,8 Milliarden Jahren.

Ich mache keinen Hehl daraus, dass ich diese Vorstellung für naiv halte, insbesondere im Hinblick auf die Zufälligkeit der Evolution. Wenn diese Zufälligkeit auch für die Physik und den Kosmos zutreffen sollte (und warum nicht?), dann wären perfekte (und ewige) Naturgesetze nicht angemessen und man muss eine physikalische und kosmische Evolution in Betracht ziehen.

Diese Vorstellung wurde bereits von T.H. Huxley, einem Weggefährten Darwins, prognostiziert und ist als Agnostizismus in die Lehrbücher eingegangen. Zufälligkeit verhindert genaue Vorhersagen und eine genaue Kenntnis der Vergangenheit und eine Kernaussage des Agnostizismus lautet: *Wir wissen nicht, was wir nicht wissen!*

Es ist nur schade, dass Agnostizismus oftmals auf Religionen und Glaubensfragen verengt wird, dabei können wir selbst bei wissenschaftlichen Aussagen keine Perfektion erwarten, sondern nur ein *gut genug*. Das Auflösungsvermögen wissenschaftlicher Messmethoden ist prinzipiell begrenzt und daher sind alle wissenschaftlichen Erkenntnisse nur so gut, wie es ihre Überprüfbarkeit erlaubt.

Allein unser Blick in die Weiten des Alls (r) sowie in die kleinsten Details des Mikrokosmos (1/r) hat sich in den letzten Jahrhunderten enorm (evolutionär) erweitert und es ist bemerkenswert, dass beide Entwicklungen in etwa Hand in Hand vorangeschritten sind. Dieser Gleichklang macht deutlich, wie sehr unsere Erkenntnisse von unserem eigenen Maß abhängen. Am besten lässt sich das mit einer logarithmischen Skala verdeutlichen, wir selbst sind bei $r^1 = r$ und unser Erkenntnisraum erstreckt sich von r^{-x} bis r^x, wobei x ständig zunimmt.

Diese Vergrößerung des Erkenntnisraums macht es notwendig, unsere Annahmen, unsere Vorstellungen und unsere Definitionen neu zu gestalten. Definitionen sind einerseits sehr hilfreich, andererseits aber auch ein Korsett, dass uns die Luft zum Atmen nimmt. Neue Vorstellungen können sich nur entwickeln, wenn man die gängigen Definitionen auf den Prüfstand stellt und versucht, sie so allgemein wie möglich zu halten.

Der Grat zwischen Definition und Vorurteil ist ziemlich schmal und kann sehr leicht übersehen werden. Definieren ist eine metasprachliche Operation, deren Zweck es ist, die Verständigung zu verbessern, aber in einer sich verändernden Welt müssen sich auch Definitionen verändern dürfen.

Evolution

Evolution hat unser Denken und unser Bild der Welt verändert. Die wichtigste Erkenntnis ist das Verständnis, dass sich Perfektion und Evolution gegenseitig ausschliessen. Wenn wir unsere Welt betrachten, im Großen wie im Kleinen, erkennen wir überall eine Entwicklung, Evolution, und das schließt unveränderliche Naturgesetze aus!

Unveränderliche Naturgesetze könnten nur ein quantitatives Wachstum bewirken, aber niemals Qualitätsänderungen! Es gäbe kein besser oder schlechter und das widerspricht all unseren täglichen Erfahrungen und unserem Bemühen für eine bessere Zukunft. Die Tragweite dieser gedanklichen Revolution ist schier unermesslich, sie stellt im wahrsten Sinne des Wortes alles auf den Kopf.

Unveränderliche Naturgesetze erlauben oder prädestinieren eine top-down Betrachtung, die (göttlichen) Naturgesetze stehen über allem, stehen am Anfang wie ein Urknall. Dem entgegen erfordert Evolution ein bottom-up Denken, eine Entwicklung vom Einfachen zum Komplexen. Bei der Evolution ist Ordnung keine gottgegebene Fügung, sondern muss nachweisbare Vorteile mit sich bringen.

Evolution muss eine Fähigkeit beinhalten, Vorteile zu bewerten. Was das bedeutet, werde ich im nächsten Kapitel erläutern. Zunächst ist einmal wichtig, dass Evolution nicht auf Biologie und Kultur beschränkt sein kann, sondern ein viel weiteres Spektrum umfassen muss, namentlich eine physikalische und eine kosmische Evolution.

Für ein Verständnis der Welt ist eine Differenzierung von physikalischer und kosmischer Evolution unabdingbar. Folgt man der Erkenntnis, die wir bereits bei der Betrachtung der biologischen und kulturellen Evolution gewonnen haben, dass die ursprünglichere Evolutionsform langsamer ist als die neuere Form, dann sollte eine physikalische Evolution langsamer sein als die biologische und eine kosmische Evolution noch langsamer.

Um die Geschwindigkeit einer Evolutionsform wahrnehmen zu können, benötigt man eine sehr viel langsamere Ursprungsform zum Vergleich. Für die biologische Evolution ist das die geophysikalische Zeitskala, die Geologen und Geophysiker in mühevoller Kleinarbeit bei der Auswertung vieler Tausend Aufschlussbohrungen erstellt haben (s. Abb. 1).

Die Bestimmung des Alters der verschiedenen Schichten wird als Geochronologie bezeichnet und unter anderem mit Hilfe verschiedener Isotopenmessungen bestimmt. Häufig korrespondieren geochronologische Einheiten mit der Bildungszeit physisch existenter Gesteinskörper. Die Genauigkeit dieser Zeitskala nimmt naturgemäß mit ihrem Alter ab.

Betrachtet man Abb. 1, muss man zumindest davon ausgehen, dass sich die physikalische Evolution in den letzten 500 Millionen Jahren nicht nennenswert bemerkbar gemacht hat. Wenn beispielweise 500 Millionen Jahre in der Physik genauso wenige Veränderungen ergeben haben wie 500 Jahre in der biologischen Evolution des Menschen, ist diese Annahme durchaus berechtigt.

Diese Überschlagsrechnung passt sogar zu der Vermutung von Friedrich Cramer bzgl. der biologischen und kulturellen Evolution und ließe sich sogar auf die physikalische Evolution erweitern. Man könnte vermuten, dass eine übergeordnete Evolutionsform jeweils um einen Faktor von ca. 1 Million langsamer ist als die darauf aufbauende Evolutionsform. Der genaue Wert ist dabei ziemlich unerheblich, denn bereits der millionste Teil von einem millionsten Teil macht sich erst in der 12. Nachkommastelle bemerkbar.

Ära/Zeitalter	Periode			Epoche	Alter in Mio. Jahren
Känozoikum (Erdneuzeit)	Quartär			Holozän	
				Pleistozän	1,9
	Tertiär	Neogen		Pliozän	5,3
				Miozän	23
		Paläogen		Oligozän	35
				Eozän	54
				Paläozän	65
Mesozoikum (Erdmittelalter)	Sekundär	Kreide		Obere	
				Untere	135
		Jura		Malm	
				Dogger	
				Lias	195
		Trias		Obere	
				Mittlere	
				Untere	235
Paläozoikum (Erdaltertum)	Primär	Perm			290
		Ober	Karbon	Oberes	
				Unteres	340
			Devon	Oberes	
				Mittleres	
				Unteres	400
		Unter	Silur		440
			Ordovizium	Oberes	
				Mittleres	
				Unteres	500
			Kambrium	Oberes	
				Mittleres	
				Unteres	570
Präkambrium					

Abb. 1: Geologische Zeitskala

Diese Altersbestimmungen basieren auf physikalischen Messmethoden, die man aber nicht für die Physik selbst anwenden kann. Das hat nichts mit Physik zu tun, sondern mit Selbstbezüglichkeit. Wir können unser eigenes Alter oder unsere eigene Geburt nicht an uns selbst festmachen, dazu benötigen wir einen äußeren Bezug, einen Bezug, der aus Sicht unseres Lebens unveränderlich erscheint.

Unveränderlichkeit darf also nur eine relative Konstanz ausdrücken und keine absolute Konstanz. Eine physikalische Evolution lässt sich also per se nicht physikalisch nachweisen. Eine physikalische Evolution ließe sich nur nachweisen, wenn es noch eine ihr übergeordnete Evolutionsform gäbe. An diesem Punkt lohnt es sich, die uns bekannte Physik etwas näher zu beleuchten.

Wenn man physikalische Gesetze und physikalische Kräfte betrachtet, fällt sofort die Gravitation auf. Zum einen ist die Gravitation um über 30 Zehnerpotenzen (eine 1 mit 30 Nullen) kleiner als die nächstgrößere Kraft, der Elektromagnetismus (EM) und zum anderen lässt sie sich nicht physikalisch manipulieren. Den EM können wir künstlich erzeugen oder abschirmen, die Kernfusion mit einer Wasserstoffbombe nachahmen, aber die Gravitation können wir nur als Sekundäreffekt, als Anziehung riesiger Massen, wahrnehmen.

Wir wissen seit Newton, dass Gravitation etwas mit Masse, mit Materie zu tun hat, wir wissen spätestens seit Einstein, dass Gravitation den Elektromagnetismus beeinflusst und auch wie sie auf elektromagnetische Wellen einwirkt, aber was Gravitation tatsächlich ist, wissen wir nicht. Dazu ist die Gravitation viel zu klein, als dass sie elektromagnetisch aufgelöst werden könnte.

Man könnte fast meinen, dass die Gravitation *einer anderen Welt angehört.* Aber genau dafür steht der Begriff Evolutionsform. Gravitation existiert und ist für die Physik notwendig, so wie die Physik für die Biologie notwendig ist, nur lässt sie sich (bis jetzt) nicht physikalisch manipulieren. Wenn man diese Überlegung weiterdenkt, dann ist die Physik sehr viel jünger als der Kosmos und somit nicht von Anfang an vorhanden.

Wenn man diese Idee aufgreift, dann repräsentieren die Entstehung von EM und Kernfusion, die Merkmale des sichtbaren Kosmos, nicht die Entstehung unseres Kosmos selbst. Das entspricht aber genau der bereits angedeuteten Umkehrung unseres Weltbilds. Statt von einer Genesis, einem Urknall top-down, muss man sich die Entstehung der Welt von unten nach oben (bottom-up), vom Kleinsten zum immer Größeren vorstellen.

Eine (göttliche) Einmalschöpfung (Genesis, Urknall) wird durch eine fortwährende Schöpfung (Evolution) ersetzt. Dann muss man aber ein allgemeines Evolutionsprinzip entwickeln, das alle Evolutionsformen beschreiben kann. Ich habe versucht, so ein Evolutionsprinzip aufzuzeigen und in Abb. 2 dargestellt. Diese Abbildung erhebt keinen Anspruch auf Vollständigkeit oder Perfektion, die in der Evolution per se ausgeschlossen sind.

Ein allgemeines Evolutionsprinzip muss die wichtigen Merkmale der Evolution enthalten, wie sie in dem Diagramm aufgeführt sind, ohne einen Bezug zu irgendeiner speziellen Evolutionsform. Voraussetzung für eine Evolution sind eine endliche Lebensdauer der Entitäten, eine zum Erhalt notwendige Reproduktion, die aber nicht zu 100% exakt sein darf und die einfache Annahme, dass sich Ordnung besser und einfacher reproduzieren lässt als Chaos. Diese Annahme ist natürlich nicht beweisbar, aber ein Blick in die Welt enthüllt Ordnungsstrukturen auf allen Ebenen.

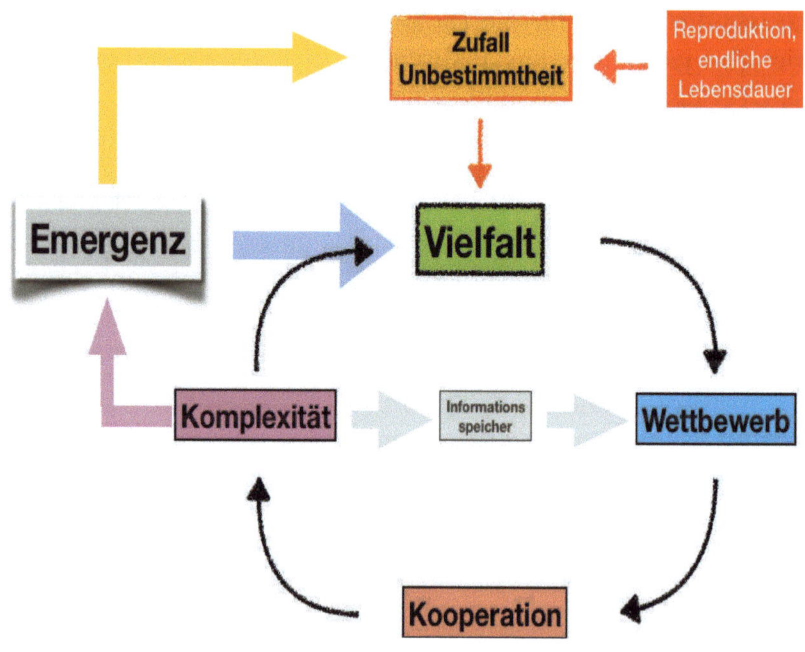

Abb. 2: Allgemeines Evolutionsprinzip

Ich habe dieses Evolutionsprinzip bereits in mehreren Essays und Abhandlungen beschrieben und seine Auswirkungen auf unser Weltbild. Neben vielem anderen würde es auch die sogenannte *dunkle Materie* sehr einfach erklären.

In dieser kurzen Abhandlung geht es aber um Intelligenz und das zentrale Element in Abb. 2, den Informationsspeicher. Die beiden nächsten Kapitel, *Gravitation* und *Intelligenz* hängen eng miteinander zusammen und eine Trennung ist sehr subjektiv.

Das Wesen der Evolution

Evolution beschreibt einen Prozess mit spezifischen Eigenschaften, mit bestimmten Wesensmerkmalen. Der Begriff *Wesen* verkörpert zum einen die Summe dieser Eigenschaften, zum anderen aber auch die Persönlichkeit, die diese Eigenschaften ausstrahlt. Wir versuchen automatisch ein abstraktes Wesen (Persönlichkeit) auf eine vorstellbare Ebene zu projizieren. Im alten Ägypten wurden Gottheiten oftmals als Mischungen aus Tier und Mensch dargestellt und Ähnliches findet sich praktisch in allen alten Religionen wieder.

Ein Bezug zum Menschen war aber immer gegeben und setzte sich im Monotheismus fort. Zwar wurden die verschiedenen Gottheiten zu einem einzigen Gott abstrahiert, aber dieser eine abstrakte Gott musste sich den Menschen offenbaren können. Dafür haben die verschiedenen monotheistischen Sekten, jede für sich, unterschiedliche Kommunikationswege erschlossen. Allen gemein ist ein Prophet oder Propheten, die für die Verbreitung von Gottes Wort auf Erden verantwortlich waren.

Dieser Gott oder sein Wesen ist natürlich nur solange glaubhaft, solange auch sein Prophet oder seine Propheten glaubhaft sind. Unser Glaube hängt also nicht an Gott, sondern an seinen Propheten. So, wie viele Köche den Brei verderben, so verderben auch viele Propheten den einzig wahren Gott. Dieses Manko des Judentums wurde so eklatant deutlich, dass dem Einhalt geboten werden musste.

Das Christentum wurde im Jahr 324 n. Chr. mit dem Dekret von Nicäa durch Kaiser Konstantin so modifiziert, dass Jesus Christus als gottgleich und von Gott erschaffen dargestellt wurde. Damit waren alle Unstimmigkeiten bzgl. der verschiedenen Propheten des Judentums aus der Welt geschafft. Mohammed setzte diese Idee fort, indem er eine

Existenz von Gottes Sohn in Abrede stellte und sich selbst zum einzigen rechtmäßigen Propheten deklarierte.

Mir liegt es fern, den Glauben von Menschen <u>nicht</u> zu respektieren, mir geht es allein um die Vorstellung, dass wir uns Gott insgeheim als ein Wesen vorstellen, nicht als eine reine Abstraktion, denn dann wäre auch kein Prophet in der Lage, die Lehren einer Abstraktion zu empfangen und zu verkünden. Dieser kurze Exkurs in die Welt des Monotheismus soll nur verdeutlichen, dass wir immer versuchen, abstrakte Eigenschaften mit einer Wesensform zu verknüpfen.

Wenn ich von einem Wesen der Evolution spreche, meine ich natürlich die Summe der Eigenschaften, kann mich aber nicht der Versuchung entziehen, der Evolution einen gewissen Charakter zuzugestehen. Es liegt im Wesen der Evolution, alles, was möglich ist, auszuprobieren (Kooperationen), zu vergleichen (Wettbewerb) und ***gewichtet*** nach Vorteilen so gut als möglich (Mutationen) zu reproduzieren.

Der Vergleich unterschiedlicher **Qualitäten** (Kooperationen, Mutationen) setzt eine Fähigkeit voraus, die gar nicht so einfach zu definieren ist und letztlich eine ganz besondere Intelligenz verkörpert, eine Intelligenz, die wir erst ganz langsam zu verstehen lernen. Für mich persönlich ist es eine riesige Herausforderung, diese Form von Intelligenz zu verstehen, denn sie muss gleichermaßen für die unterschiedlichsten Qualitäten möglich sein, ist also viel umfassender als Mathematik und Physik, die immer erst Qualitäten irgendwie quantitativ darstellen müssen.

Das Ergebnis sind dann die unterschiedlichen Intelligenzformen für unterschiedliche Qualitäten, eine Differenzierung, die die Evolution mit Vielfalt erreicht. Jede Spezies kann dabei ihre eigene Intelligenz weiterentwickeln und es wird deutlich, dass der Begriff der Intelligenz viel komplexer ist, als wir ihn in der Vergangenheit betrachtet und definiert haben.

Gravitation

Wir wissen wenig über Gravitation, aber wir wissen, dass sich Gravitation auf Masse oder Materie zurückführen lässt, von der wir zwei Eigenschaften kennen, eine Anziehung oder Affinität und eine Trägheit. Diese Affinität lässt sich als eine einfache Form von Kooperationsbereitschaft deuten, als ein Wunsch nach *miteinander*, und die Trägheit setzt dem einen gewissen Widerstand entgegen.

Goethe lässt Faust in seinem gleichnamigen Werk sagen: *Zwei Seelen schlagen, ach, in meiner Brust.* Diese zwei Seelen schlagen auch in der Gravitation, zwei Seelen, die sich anscheinend gegenseitig ausschließen, aber auch ergänzen. Der amerikanische Psychologe und Philosoph William James prägte für dieses Phänomen den Begriff *Komplementarität.*

Diese Komplementarität ist ein fundamentales Merkmal der Evolution: Kooperation ja, aber nicht zu viel. Dadurch wird verhindert, dass Bäume in den Himmel wachsen, oder dass die gesamte Materie sofort verklumpt. Damit aber überhaupt Kooperationen entstehen können, müssen Affinität und Trägheit asymmetrisch sein, aber nur ein ganz wenig; Symmetrie ja, aber nicht 100%. Perfektion und Ordnung sind gut, dürfen aber nicht perfekt sein.

Die Gravitation erfüllt von sich aus die wichtigste Prämisse: ***Perfektion und Evolution schließen sich gegenseitig aus*** (Evolutionsprinzip). Diese nicht ganz symmetrische Komplementarität ist vermutlich der Motor der Evolution. Evolution erzeugt Ordnung, benötigt aber für ihr eigenes Überleben immer wieder kleine Reproduktionsfehler, Mutationen. Dabei ist nicht jede Mutation erfolgreich, ganz im Gegenteil, die Mehrzahl der Mutationen hinterlassen keinerlei Wirkung. Aber das ist das Thema des nächsten Kapitels.

Angenommen, es gäbe Urelemente der Gravitation, ich nenne sie mal *Gravis*. Wie könnte man sich diese Gravis vorstellen? Bei dieser Hypothese begibt man sich natürlich auf sehr dünnes Eis, aber dafür haben wir unsere Phantasie und Kreativität und unser Abstraktionsvermögen. Das ist allerdings bei diesem Gedankenexperiment unbedingt vonnöten.

Stellen wir uns Gravis einfach als Informationen vor und überlegen, was passieren würde, wenn die Informationsgeschwindigkeit unendlich (∞) wäre?

Das würde bedeuten, dass alle Informationen gleichzeitig überall wären, es gäbe folglich keinen ausgezeichneten Zeitpunkt und keinen ausgezeichneten Punkt im Raum, es gäbe letztendlich weder Zeit noch Raum und folglich auch keine Wahrnehmung. Daraus können wir zumindest schließen, dass es in unserem Kosmos endliche Informationsgeschwindigkeiten geben muss.

Damit stellt sich natürlich sofort die nächste Frage: Welche Eigenschaften müssen Informationen haben oder welche Voraussetzungen müssen Informationen erfüllen, damit ihre Informationsgeschwindigkeit nicht unendlich ist? Wahrscheinlich ist die intuitive Antwort, dass Informationen *träge* sein müssen, ohne dass man zunächst überhaupt sagen muss, was Trägheit tatsächlich ist.

Trägheit könnte man als Eigenschaft einer Information definieren, die eine unendliche Informationsgeschwindigkeit verhindert. Wenn man nun dieses Gedankenexperiment mit unseren Grundkenntnissen der Physik verknüpft, wird man automatisch Trägheit mit Masse assoziieren.

Im weiteren Verlauf könnte man dann der Affinität die schwere Masse zuordnen und der Trägheit die träge Masse. So weit, so gut. Für ein Evolutionsmodell ist diese Komplementarität von schwerer und träger Masse tatsächlich hervorragend geeignet, beide dürften fast gleich sein, aber nicht exakt gleich, denn das widerspräche dem Evolutionsprinzip, das Perfektion ausschließt.

Aber genau dieses Evolutionsprinzip widerspricht einer göttlichen Perfektion, einer perfekten Symmetrie, wie sie sich auch Physiker wünschen würden und damit auch Albert Einsteins Wünschen. Durch seine Gleichsetzung von schwerer und träger Masse wischte er das Evolutionsprinzip einfach weg. Ja, die beiden sind fast gleich, ihr Unterschied ist vielleicht gar nicht messbar, aber sie sind komplementär!

Einstein hat sich gewissermaßen selbst ins Knie geschossen, er hat immer vor zu starken Vereinfachungen gewarnt und in diesem Fall seine eigenen Warnungen missachtet. Der entscheidende Punkt ist, dass schwere und träge Masse unterschiedliche ***Qualitäten*** darstellen, Einstein aber nur die Quantitäten im Auge hatte.

In der Biologie sind wir an unterschiedliche Qualitäten gewöhnt, man nimmt dankend zur Kenntnis, dass es Rosen und Tulpen gibt und kaum jemand kommt auf die Idee zu fragen, welche Blume besser sei. In der Physik ist das noch etwas anders, solange man annimmt, dass physikalische Gesetze überall und immer gleich sind.

Wenn man kosmische und physikalische Evolution trennt, beispielsweise die Gravitation dem Kosmos zuordnet und den Elektromagnetismus der Physik, dann ergeben sich ganz neue Konstellationen. Wir wissen, dass Gravitationsfelder den Elektromagnetismus beeinflussen und folglich sollten Gravitationsfelder auch die Spektrallinien von Atomen beeinflussen.

Dann könnte man aber auch die berühmte, von Edwin Hubble vermessene Rotverschiebung auch auf kosmische Veränderungen zurückführen und ist nicht auf eine physikalische Erklärung mit dem Doppler-Effekt angewiesen. Damit wäre wenigstens die Expansion des Universums und insbesondere die Hyperexpansion vom Tisch, die wirklich nur absurde physikalische Krücken sind. Edwin Hubble selbst fand überhaupt keinen Gefallen an diesem (Urknall-)Modell.

Um allein die aus der Rotverschiebung berechnete Zu- bzw. Abnahme der Expansionsgeschwindigkeit zu erklären, müssen Kosmologen *dunkle* Materie und *dunkle* Energie bemühen, von denen man aber nicht weiß, was sie sind (deshalb *dunkel*).

Der Vorteil von unveränderlichen Naturgesetzen besteht darin, dass man Vorhersagen berechnen kann, bei einer auch zufälligen Evolution muss man da Abstriche machen. Die Frage ist nur, zu welchem Preis? Was ist der Sinn von Vorhersagen, die gar nicht stimmen können?

Nun aber zurück zur Gravitation und der Idee von trägen Informationen, die aber auch affin sind und sich gegenseitig anziehen. Das Gedankenexperiment mit der unendlichen Informationsgeschwindigkeit lässt auch den Schluss zu, dass diese sogenannten >Informationen< leer sind, also gar keine Information enthalten. Dann heißt das aber, dass Informationen *träge* sein müssen, Trägheit also eine Eigenschaft von Informationen sein muss.

Da wir zuvor schon Trägheit mit Masse assoziiert haben, könnte man jetzt auch Information mit Masse assoziieren. So bekommen die Begriffe *Masse* und/oder *Materie* eine völlig neue Bedeutung und die Vorstellung von der toten Materie ist dann völlig unangemessen.

Die Vorstellung der kulturellen Evolution, wie sie von Richard Dawkins und Susan Blackmore entworfen wurde, beruht auf der Idee, dass Informationen nicht aussterben wollen, sich vermehren oder reproduzieren wollen. Sie werden in adäquaten Informationsspeichern aufbewahrt und zu gegebener

Zeit wieder abgegeben. Das erinnerte mich sofort an den photoelektrischen Effekt, für den Einstein 1921 den Nobelpreis für Physik erhielt. Da ist ein Elektron auch nur ein Informationsspeicher, der eine Information, in dem Fall ein Photon, aufnimmt, sich dadurch in einem angeregten Zustand befindet und irgendwann diese Information wieder abgibt und in den Normalzustand zurückkehrt.

Die Frage, warum und wann ein Elektron ein Photon aufnimmt, erinnerte mich irgendwie daran, warum wir manche Witze behalten und andere nicht. Vielleicht sind Photonen und Elektronen viel komplexer als wir annehmen? Die über 30 Zehnerpotenzen Unterschied zwischen Gravitation und EM könnten ja auch darin begründet sein, dass Photonen entsprechend komplexer sind als einfache Informationen in Form von Gravis.

Wenn ein Photon tatsächlich ca. 10^{30} Gravis oder Urinformationen enthalten sollte, dann wären bereits Photonen, die wir als kleinste Information des EM betrachten, hochkomplexe Gebilde. Das unterstützt natürlich ein Evolutionsmodell, eine Entwicklung von unten nach oben. Dann findet man die Lösung natürlich auch nicht in einem Urknall oder einer Genesis, sondern im Allerkleinsten.

Wir Menschen sind bereits so komplexe Geschöpfe dieser evolutionären Entwicklung, dass wir gar nicht mehr in der Lage sind, ganz Einfaches zu erkennen. Schon die Synapsen unseres Gehirns basieren auf kleinsten elektrischen Impulsen. Moderne Gehirnforschung verwendet beispielsweise bildgebende Verfahren, wie etwa die Magnetoenzephalgraphie (MEG), mit der über Sensoren die feinen elektrischen Aktivitäten der Nervenzellen im Gehirn gemessen und in Bilder umgesetzt werden.

Ohne Elektromagnetismus gäbe es uns Menschen nicht, aber das ist kein Grund zu der Annahme, dass es ohne EM auch keine Welt gegeben haben kann. Immerhin ist es vorstellbar, dass die Affinität der Gravis (Informationen) zu Informationsclustern und Informationsspeichern führt. Wichtig ist dabei, dass diese Affinität mit der Größe der Cluster zunimmt und nach dem Newtonschen Gravitationsgesetz sogar mit dem Quadrat der Masse.

So lässt sich zumindest erklären, dass irgendwann Trägheit allein gegen die geballte Affinität keine Chancen mehr hat, die Verklumpung der Materie zu verhindern. Heute wissen wir, dass elektrische Ladungen in Form von positiv geladenen Atomkernen eine zu starke Annäherung verhindern kann. Elektromagnetismus kann diese Verklumpung zumindest zeitweilig aufhalten, solange bis die gravitative Affinität auch diese Abstoßung übersteigt und zur Kernfusion führt.

Bei einem Evolutionsmodell muss man der Materie diese Intelligenz zugestehen und das ist gar nicht so abwegig, wenn man bedenkt, dass Neutronen viel massereicher sind als Photonen und diese schon aus mindestens 10^{30} Informationen bestehen.

Das führt nach einer kurzen Zusammenfassung geradewegs zum nächsten Kapitel, zur Intelligenz und der Frage, ob man Intelligenz nicht grundlegend anders definieren sollte.

Das Wesen der Gravitation

Gravitation bemerken wir Menschen tatsächlich nur als Sekundäreffekt, der Anziehung riesiger Massen. Daraus abstrahieren wir eine Affinität der Gravitationselemente, wie auch immer diese geartet sind. Eine mögliche Vorstellung ist, sich diese als Basisinformationen vorzustellen. Damit eine Information etwas bewirken kann, darf sie nicht *leer* sein und muss von einem Gegenpart, z.B. einer anderen Information, empfangen werden.

Eine Information muss einen Inhalt haben, der eine endliche Informationsgeschwindigkeit bewirkt. Diese Informationsgeschwindigkeit kann riesig sein, muss aber endlich sein. Eine endliche Informationsgeschwindigkeit ist per Definition die notwendige Voraussetzung für Raum (Entfernung) und Zeit. Das stellt allerdings unsere intuitive Vorstellung von Raum und Zeit auf den Kopf.

In unserem täglichen Leben gehen wir davon aus, dass es Raum und Zeit gibt und wir damit Geschwindigkeiten berechnen. Bei dieser Vorstellung sind dagegen Raum und Zeit nur Hilfsgrößen, um eine endliche Informationsgeschwindigkeit erklären zu können und wenn man diese auf Trägheit zurückführt, dann ist tatsächlich Trägheit für Raum und Zeit verantwortlich.

Nur, warum wird Trägheit benötigt, was ist der Sinn von Trägheit? Um diese Frage zu beantworten, muss man auf die Physik zurückgreifen und das Pferd von hinten aufzäumen. Naturwissenschaften beschreiben ganz allgemein unsere Beobachtungen in der Natur, unsere Wahrnehmung der Welt. Diese Wahrnehmung basiert primär auf Wirkungen, die unsere Sinne reizen.

Unsere Sinne besitzen eine Reizschwelle, einen unteren Schwellenwert, um einer Überreizung vorzubeugen und nur relevante Informationen zuzulassen. Wahrnehmung beruht tatsächlich auf einer quantitativen Selektion. Wenn man berücksichtigt oder annimmt, dass die Wirkung einer Information von ihrer Trägheit abhängt, also eine größere Trägheit eine größere Wirkung hervorruft, dann selektieren unsere Sinne relevante Wirkungen, Wirkungen, die einen Schwellenwert überschreiten.

Diese Schwellenwerte entwickeln sich in Folge der Evolution und sind abhängig von den verursachten **Wirkungen**, nicht den Energien. Physikalisch gesehen sind Wirkungen das Produkt aus Energie und Zeit, d.h., dass Energie zeitunabhängig ist und folglich gar nicht wahrgenommen werden kann. Das ist der entscheidende Punkt, wir nehmen Wirkungen war, nicht Energien. Energie ist tatsächlich nur ein zeitloser Rechenwert und das verändert die Physik und unser Bild der Welt von Grund auf.

Gravitation ist mit zwei komplementären Eigenschaften versehen, Affinität und Trägheit. Das eine, die Affinität, ist der Motor der Evolution, das andere, die Trägheit, ist verantwortlich für ihre Wahrnehmung. In der Physik wird Trägheit gewöhnlich mit Masse oder Materie assoziiert, weshalb ich sie kurz als T-MoM (Trägheit - Masse oder Materie) bezeichne.

Dieses T-MoM ist eng verknüpft mit Raum, Zeit und Wirkung und keine ist ohne die anderen denkbar. Am einfachsten lassen sich die Elemente der Gravitation als Informationen vorstellen, die sich nur durch die Begegnung mit anderen Informationen reproduzieren können. Diese Informationen stammen aus dem Nichts, das man sich als Raum der Möglichkeiten vorstellen kann. Warum und wie diese trägen Informationen entstehen, entzieht sich unserer Erkenntnis und Beobachtungsmöglichkeit, denn die beginnt erst mit trägen Informationen.

Intelligenz

Nach dem vorher gesagten lässt sich Materie auch als Informationsspeicher verstehen. Dieser Informationsspeicher ist auch das zentrale Element im Diagramm des allgemeinen Evolutionsprinzips auf Seite 18, dagegen tritt der Begriff der Vernunft nirgendwo in Erscheinung.

In der Evolution geht es um Mutationen, insbesondere um erfolgreiche Mutationen, um Vorteile im Vergleich mit anderen Wettbewerbern und um Qualitäten, die nicht so ohne weiteres mit Ratio und Vernunft beurteilt oder bewertet werden können. Vielfalt ist für die Evolution selbst vorteilhaft, macht aber andererseits auch eine Bewertung weitaus schwieriger.

Auf jeden Fall hat Intelligenz etwas mit der Bewertung von Informationen zu tun und insofern müsste ein Informationsspeicher eine Vorbedingung für Intelligenzfähigkeit sein. Intelligenz selbst könnte man dann als Nutzung dieser Intelligenzfähigkeit betrachten, aber das wäre wohl zu allgemein und nicht evolutionsgerecht.

In der Evolution geht es nicht um richtig oder falsch, sondern nur um mehr oder weniger vorteilhaft, es geht um Vorteile. Letztlich wird alles Mögliche ausprobiert und vorteilhafte Wege werden häufiger gewählt. Bei etwas Neuem gibt es keinen Irrtum, sondern nur mehr oder weniger ausgeprägte Vor- und Nachteile. Wenn etwas Neues entsteht oder geschaffen wird, ändern sich allerdings die Randbedingungen und damit auch die Vorteile.

Das macht Evolution so unberechenbar. Solange Veränderungen sehr klein sind in Bezug auf das Große und Ganze, sind diese Veränderungen in erster Näherung vernachlässigbar, aber steter Tropfen höhlt den Stein und irgendwann einmal sind sie nicht mehr vernachlässigbar.

Der Intelligenzbegriff muss folglich das Erkennen von Vorteilen und deren Veränderungen mit einbeziehen. Intelligenz könnte man dann als vorteilhafte Nutzung dieser Intelligenzfähigkeit betrachten oder besser als vorteilhafte Nutzung des Informationsspeichers. **Intelligenz** definiert sich dann als **vorteilhafte Nutzung eines Informationsspeichers**.

Wir haben bereits gesehen, dass man Materie selbst als Informationsspeicher betrachten kann und nun stellt sich natürlich die Frage, ob Materie ihren eigenen Informationsspeicher nutzen kann. Unter Geisteswissenschaftlern wird diese Frage einen ellenlangen Disput über Bewusstsein und ähnliches hervorrufen, für einen Naturwissenschaftler stellen sich gleich die nächsten Fragen.

Warum wachsen Kristalle und vergrößern damit ihren Informationsspeicher? Warum entstehen mittels Kernfusion höherwertige Elemente, die auch einen größeren Informationsspeicher repräsentieren? Wenn man diese Fragen nicht mit Gott oder dem Urknall, sondern mit einem Evolutionsmodell erklären möchte, muss man Materie irgendeine Form von Intelligenz zuweisen.

In dem Diagramm des allgemeinen Evolutionsprinzips spielt der Wettbewerb eine herausragende Rolle. Wenn sich Intelligenz auf die Fähigkeit reduziert, Vorteile zu erkennen und zu verwenden, dann beschreibt das genau die ursprüngliche Vorstellung von Wettbewerb. An dieser Stelle ist es ganz wesentlich, zwischen einer passiven und einer aktiven Form von Wettbewerb zu unterscheiden. Meist wird die passive Form des Wettbewerbs übersehen und nur die aktive Form, wie sie auch in einem Wettkampf zum Ausdruck kommt, berücksichtigt. Dabei repräsentiert gerade die passive Form des Wettbewerbs die Urform der Intelligenz, die positive Bewertung von Vorteilen.

Die Intelligenz der Materie ist dann nicht in einem zentralen Organ angesiedelt, sondern ergibt sich aus dem Zusammenspiel der einzelnen Faktoren. Die Evolution selbst besitzt Intelligenz und es ist nur unserer traditionellen Voreingenommenheit zu verdanken, dass wir Intelligenz einem einzelnen Wesen zuordnen.

Das ist der entscheidende Punkt. Jahrhunderte lang haben wir Wettbewerb falsch verstanden, haben versucht, einzelnen Personen einen Intelligenzquotienten (IQ) zuzuordnen und haben uns mit dieser Vorstellung völlig verrannt. Wir Menschen haben uns für intelligenter gehalten als die Natur (Wettkampf, nicht Wettbewerb) und damit sehr viel Schaden angerichtet.

Wir haben Jahrhunderte lang Ratio, Logik und Vernunft gehuldigt und dabei gar nicht bemerkt, wie unser eigenes Leben den Bach runterging. Die dezentrale Intelligenz der Evolution kann sofort auf Veränderungen des Umfelds reagieren. Wenn ein vorteilhafter Prozess häufig kopiert wird, werden auch die für diesen Prozess notwendigen Ressourcen übermässig strapaziert und darauf reagiert die Evolution sofort. Der Mensch benötigt oft Generationen, um die Probleme einer einst *vernünftigen* Vorgehensweise zu erkennen.

Einige haben einiges bereits erkannt, aber tief eingebrannte Traditionen sind oft nur schwer zu ändern. Einigen Biologen, wie beispielsweise Stefano Mancuso, ist die dezentrale Intelligenz der Pflanzen bewusst und bekannt und darüber wird leicht vergessen, dass es tatsächlich gar keine *zentrale* Intelligenz gibt und geben kann.

Auch die menschliche Intelligenz ist dezentral, sie verteilt sich zum einen auf diverse Segmente und Lappen des Gehirns, aber auch auf die Nervenstränge, Sinnesorgane, die Haut und letztlich den ganzen Körper. Aber unser eigener Körper ist nicht der einzige Informationsspeicher, auf den wir zugreifen.

Wir benutzen unser gesamtes Umfeld für unsere Meinungsbildung, so wie auch unser Umfeld uns benutzt. Erst wenn wir verstehen, dass wir selbst ein Teil der Evolution und ihrer Intelligenz sind, können wir Evolution einigermaßen verstehen. Diese Vorstellung kratzt zwar an unserem eigenen Selbstverständnis, aber wohin uns das geführt hat, können wir Tag für Tag an unserem Umfeld ablesen.

Die Selbstüberschätzung des Menschen, die Verherrlichung von Logik, Vernunft und Verstand (oder dem, was wir dafür halten) hat uns vielleicht künstliche Intelligenz beschert, aber dafür das Verständnis einer dezentralen Intelligenz vernebelt. Wir sind es gewöhnt, Intelligenz dem Leben zuzuordnen und haben Leben nur in der Biologie verortet und intelligentes Leben Jahrhunderte lang nur beim Menschen.

Langsam erwachen wir von diesem Traum und beginnen, die Welt mit anderen Augen zu sehen. Wenn man die Vorstellung einer dezentralen Intelligenz weiterführt, kommt man zu der Einsicht, dass letztlich die ganze Welt dafür verantwortlich ist. Das bestätigt dann die bereits vor 500 Jahren von Theophrastus Bombast von Hohenstein (1493 - 1541), der sich selbst Paracelsus nannte, geäußerte Ansicht, dass *die Welt ein lebendiges Wesen sei.*

Entweder ahnte Paracelsus bereits, dass Intelligenz dezentral sein muss oder er besaß bereits ein sehr gutes Verständnis der Evolution. Dafür spricht allerdings auch eine zweite Aussage von ihm: *Die Dosis ist das Gift.* Diese Aussagen lässt sich auch so interpretieren, dass es kein absolut richtig und kein absolut falsch gibt.

Für mich persönlich läutete Paracelsus mit diesen beiden Aussagen die Neuzeit ein, das Ende religiöser (und wissenschaftlicher) Dogmen.

Das Wesen der Intelligenz

Intelligenz muss einerseits ein vorteilhaftes Handeln in der Vergangenheit berücksichtigen, andererseits aber auch offen sein für eine unbekannte Zukunft. Intelligenz muss unterschiedliche Vorgehensweisen vergleichen, aber sie kann vom Prinzip her keine unterschiedlichen Qualitäten vergleichen. In der Evolution führt das gewöhnlich zu Vielfalt.

Eins steht allerdings einem ungebremsten Wachstum und einer überbordenden Vielfalt entgegen und das ist die Verfügbarkeit von Ressourcen. Eine wichtige Aufgabe der Intelligenz ist folglich ein vorteilhaftes Ressourcenmanagement. Da wir gerade träge Informationen als ursächliche Ressourcen ausgemacht haben und Informationen auch gleichzeitig Informationsspeicher sind, kann man Intelligenz auch als *Lernfähigkeit* betrachten und Lernfähigkeit scheint eine universelle Eigenschaft zu sein, nicht auf den Menschen beschränkt.

Informationen, die etwas bewirken, sind durch T-MoM charakterisiert, irgendeine Form von Trägheit oder Masse. Was wären dann aber *Informationen ohne T-MoM?* Da auch Zeit an T-MoM gekoppelt ist, müssten folglich diese *Informationen ohne T-MoM* auch zeitlos sein! Die Frage der Zeitlosigkeit oder Ewigkeit beschäftigt die Menschheit seit Anbeginn.

Beispiele für Zeitlosigkeit sind das Nichts, aber auch Möglichkeiten. Eine Möglichkeit existiert, unabhängig davon, ob und wann sie realisiert wird. Ein Phänomen der Zeitlosigkeit ist, dass es nicht beobachtbar ist. Wie ich bereits im vorigen Kapitel gezeigt habe (S. 28), ist auch Energie zeitlos. Das widerspricht zwar Einsteins photoelektrischem Effekt, entspricht aber Plancks berühmter Quantenprognose ($E = hf$).

Wir Menschen können Wirkungen und Zeit wahrnehmen, aber <u>nicht</u> eine zeitlose Energie. Wir können folglich Energien auch nicht messen, aber die Zeitlosigkeit der Energie gibt dem Energieerhaltungssatz Sinn, aber nur als reine Rechenvorschrift und nicht als empirischem Erfahrungssatz. Diese Unterscheidung ist so brisant, dass sie die gesamte traditionelle Physik umkrempelt. Bei einem Pendel lässt sich durchaus die Rechenvorschrift anwenden, bei unserem Universum jedoch nicht der unsinnige Erfahrungssatz.

Das Wesen der Virtualität

Das Nichts, Möglichkeiten und Energie sind nicht wahrnehmbar, lassen sich als virtuell betrachten oder einer Virtualität zuordnen. Für diese Virtualität bestehen andere Freiheiten als für die Realität, die sich am besten durch zwei Redewendungen differenzieren lassen. Für die Realität gilt ein *entweder...oder*, für die Virtualität dagegen ein *sowohl...als auch*. Bei einem Pendel wird das sofort deutlich, das Pendel selbst ist real, seine Energie virtuell.

Realität und Virtualität sind komplementär und so müssen es dann auch Trägheit (T-MoM) und Energie sein. Die berühmte Formel von Albert Einstein $E = mc^2$ bekommt dann eine interessante Wendung. Da man Komplementaritäten nicht gleichzeitig betrachten kann wohl aber beide betrachten muss, ist eine Gleichung unangemessen und muss durch eine Äquivalenz ersetzt werden. Demnach sind Masse (T-MoM) und Energie äquivalent und damit muss eine Umwandlung von Masse in Energie und vice versa möglich sein.

Die Umwandlung von Masse in Energie kennen wir von unserer Sonne, von Kernfusionen, aber auch von Kernkraftwerken, Atom- und Wasserstoffbomben. Die umgekehrte Richtung ist uns nicht so geläufig, könnte aber verantwortlich sein für die Entstehung träger Informationen. Diesen Nachweis können wir experimentell nicht erbringen, da uns dafür das notwendige Auflösungsvermögen fehlt. Da aber die virtuelle Möglichkeit dafür besteht, sollten wir diese in unser Denken mit einbeziehen.

Ein neues Denken

Anscheinend kann Intelligenz sowohl zentral als auch dezentral organisiert sein und es lohnt sich daher, nach Gründen zu suchen. Als erstes denkt man bei dieser Frage an eine evolutionäre Entwicklung, die die notwendige Geschwindigkeit von Entscheidungen und Lernprozessen berücksichtigt.

Entscheidungen können umso schneller getroffen werden, je kürzer die Entscheidungswege sind. Entscheidungen verzögern sich aber nicht nur durch lange Wege, sondern auch durch ihre Komplexität, weil bei komplexen Vorgängen viele Einzelentscheidungen koordiniert werden müssen, wobei letztlich eine Koordination einer Multiplikation der Wege entspricht.

Für bewegliche komplexe Entitäten, wie beispielsweise Tiere, ist es daher vorteilhaft, ein zentrales Gehirn zu entwickeln, um die Entscheidungswege zu verkürzen, was umso wichtiger wird, je größer die zu transportierende Datenmenge und damit deren Trägheit wird. Von unserer eigenen Entwicklung wissen wir allerdings, dass wir sehr schnelle Bewegungen nicht mehr mit unserer Gehirnaktivität bewusst steuern können, dafür ist der Informationsfluss durch Neuronen und Synapsen zu langsam.

Schnelle Bewegungen müssen wir mühsam erlernen und solange üben und trainieren, bis sie uns *in Fleisch und Blut übergegangen* sind, im Unterbewusstsein verankert sind. Das entspricht letztlich dem, was Daniel Kahnemann in seinem Buch *Thinking Fast and Slow (Schnelles Denken, Langsames Denken)* beschreibt. Wir müssen demnach irgendwo in unserem Körper (*Fleisch und Blut*) noch einen Informationsspeicher besitzen, der anderen Regeln folgt und möglicherweise dezentral ist.

Wir haben bereits zuvor gesehen, dass Photonen vermutlich die kleinsten elektromagnetischen Signale oder Informationen repräsentieren und wahrscheinlich um mehr als 30 Zehnerpotenzen (10^{30}) größer sind als die kleinsten Informationen der Gravitation. Gravitation und Elektromagnetismus spielen demnach in unterschiedlichen Ligen. Eine so gravierend unterschiedliche Trägheit sollte somit auch gravierend unterschiedliche Informationsgeschwindigkeiten bedingen.

Das ist der Punkt, an dem man Gravitation und Physik entkoppeln muss. Gravitation ist **kein** Teil der Physik, Gravitation ist wahrscheinlich die Ursache der Physik, aber nicht Teil von ihr. Das macht sich schon dadurch bemerkbar, dass wir keine Experimente ersinnen können, in denen wir die Gravitation verändern können. Wir können Gravitation weder künstlich erzeugen noch abschirmen, aber wir können sie messen und ihren Einfluss auf den Elektromagnetismus berechnen (Einsteins Relativitätstheorie).

Wenn aber Gravitation (Kosmos) eine Ursache der Physik ist, dann müssten sich physikalische Konstanten bei sich ändernder Gravitation auch verändern. Dann ließe sich auch die Hubblesche Rotverschiebung auf Änderungen der Gravitation zurückführen und müsste nicht physikalisch mit dem Doppler-Effekt erklärt werden.

Damit wäre endlich die absurde Idee eines (räumlich) expandierenden Universums vom Tisch, die allein deshalb absurd ist, weil astronomisch betrachtet Entfernung und Zeit gar keine unabhängigen Variablen mehr sind. Diesen Denkfehler kann man nur dann begehen, wenn man nicht versteht, dass ein Paradoxon keine Laune der Natur ist, sondern ein Hinweis auf eine ungerechtfertigte Annahme, selbst wenn diese Annahme durch tausend andere Beobachtungen bestätigt wird.

Physik ließe sich als eine mutationsfreie, also perfekte Evolution beschreiben, aber genau das widerspricht dem Grundkonsens, dass sich Evolution und Perfektion gegenseitig ausschließen. Auch wenn Mutationen extrem selten sind, z.B. eine in einer Million Reproduktionen (10^{-6}) und erfolgreiche Mutationen ähnlich selten sind, dann liegt die Wahrscheinlichkeit von erfolgreichen Mutationen bereits bei 10^{-12}, macht sich also erst in der 12. Nachkommastelle bemerkbar, aber sie ist nicht null.

Einsteins Vorstellung, dass es keine größere Informationsgeschwindigkeit als die Lichtgeschwindigkeit gibt, gilt vielleicht für die Physik, aber keinesfalls für die Gravitation (EPR-Paradox) und relativiert sich, wenn man die Gravitation von der Physik trennt.

Die Begriffe zentral und dezentral bei der Intelligenz sind aber ganz eindeutig abhängig von der Informationsgeschwindigkeit. Wäre eine *Gravitationsgeschwindigkeit* 30 Zehnerpotenzen größer als die Lichtgeschwindigkeit, erschiene der Kosmos 30 Zehnerpotenzen kleiner, dann wäre auch eine dezentrale Intelligenz durchaus zentral.

Das Verständnis der Intelligenz, ihrer Anordnung und Verteilung, wird maßgeblich von zwei Parametern geprägt, zum einen der gewünschten Reaktionszeit und zum anderen der verfügbaren Datentransfergeschwindigkeit. Beide zusammen bestimmen, wie zentral Intelligenz verknüpft sein muss.

Die Intelligenz der Pflanzen muss folglich anders organisiert sein als die Intelligenz der Tiere und die Intelligenz der Materie anders als die der Pflanzen. Allein beim Menschen unterscheidet man inzwischen acht verschiedene Formen von Intelligenz und damit prinzipiell auch acht verschiedene Definitionen.

Intelligenz ist demnach eine Frage der Definition und wenn man den Intelligenzbegriff nicht zerfledern möchte, muss man nach einer umfassenderen Definition suchen. Deshalb habe ich mich auf eine vorteilhafte Verwendung von Informationsspeicher beschränkt und damit eine Zugehörigkeit zu Leben vermieden. Bei dieser Definition bleibt völlig außen vor, wie der Informationsspeicher verwendet wird, sie besagt nur, dass er verwendet wird.

Das symbolisiert eine Form von Agnostizismus, dem Eingeständnis, dass man bestimmte Prozesse (noch) nicht einordnen kann. Das ist aber allemal besser als eine falsche Zuordnung, die immer weiter zementiert wird, bis sie zu einem Dogma wird und religiöse Züge annimmt. Eine Vermutung wird nicht besser, wenn man sie als Doktrin ausgibt!

Das Grundproblem unserer Erkenntnis ist unser Auflösungsvermögen, sowohl im Kleinen wie im Großen und die Arroganz zu glauben, dass wir es dennoch verstehen würden. Religion und klassische Philosophie haben unser Bild der Welt trotz aller Widersprüche und Paradoxien immer weiter verdichtet, mit teilweise abenteuerlichen Vorstellungen, die mit *gesundem Menschenverstand* einfach nicht nachvollziehbar sind.

Ein wunderbares Beispiel dafür ist das Urknallmodell mit der Hyperinflation. Ausgangspunkt war die nach Edwin Hubble benannte Rotverschiebung, die zunächst nur beschreibt, dass das Licht von Galaxien immer rötlicher wird, je weiter diese Galaxien von uns entfernt sind. Bei unveränderlichen Naturgesetzen, wie sie von Einstein für eine *sinnvolle* Kosmologie gefordert werden, bleibt für eine Erklärung nur der Doppler-Effekt, der tatsächlich bei rotierenden Doppelsternen nachgewiesen werden konnte.

Ähnlich wie bei Sirenen, erscheint die empfangene Frequenz niedriger, wenn sich die Quelle entfernt und höher, wenn sie sich nähert. Bei Tönen erscheint eine niedrigere Frequenz tiefer und eine größere Frequenz höher, bei Licht entsprechend roter oder blauer. Je roter das Licht, desto schneller muss sich die Quelle entfernen, wenn man natürlich annimmt, dass alle Lichtquellen die gleiche Grundfarbe haben.

Das führt zu einem expandierenden Universum, das ursprünglich mal sehr viel kleiner und energiereicher (wegen der Energieerhaltung) war. Da es ja auch von Anfang an Elektromagnetismus, also Wasserstoff gegeben haben soll, hatte die Physik ein Problem. Dieser Wasserstoff hätte in dem kleinen, extrem energiereichen frühen Universum sofort und komplett zu Helium fusionieren müssen, aber im Kosmos war eine beträchtliche Menge Wasserstoff nachweisbar.

Das ist natürlich für theoretische Physiker überhaupt kein Problem. Das frühe Universum musste nur so schnell expandieren (Hyperinflation), dass der gesamte Wasserstoff gar nicht fusionieren konnte. Dann müssten folglich die Sonnen und Fixsterne Relikte des frühen Universums sein, also ca. 13,8 Milliarden Jahre alt sein. Das lässt sich leider nicht bestätigen, da selbst unsere eigene Sonne höchstens halb so alt ist.

Das ist natürlich für theoretische Physiker auch kein Problem. Dann muss die Hyperinflation wieder abgebremst werden, damit die Gravitation wieder Wasserstoffwolken entsprechend verdichten kann. Inzwischen haben genauere Messungen der Rotverschiebung ergeben, dass diese gar nicht so linear ist, wie ursprünglich angenommen. Das Universum müsste folglich mal mehr und mal weniger expandieren. Zudem scheinen sich sogar einige Galaxien einander zu nähern.

Das ist für theoretische Physiker natürlich auch kein Problem. Dafür sind dann *dunkle* Kräfte im Universum verantwortlich, *dunkle* Energie und *dunkle* Materie, von denen man zwar nicht weiß, was sie sind, aber sie sind. Neueste Berechnungen ergeben sogar, dass die *dunkle* Energie 70% der Gesamtenergie des Universums ausmachen soll. Wir kennen zwar weder die Gesamtenergie des Universums, noch wissen wir, was dunkle Energie überhaupt ist, aber...

Wissenschaftliche Forschung beruht darauf, vorhandene Messwerte in eine Theorie, in eine Geschichte einzubinden und die Folgerungen dieser Theorie zu überprüfen. Wenn die Theorie nicht passt, muss sie verändert werden, das ist selbstverständlich, aber diese Änderungen müssen irgendwie im Rahmen bleiben oder angemessen sein. Widersprüche oder Paradoxien sind keine Laune der Natur, sondern ein klarer Hinweis, dass mindestens eine Annahme falsch ist.

Sollte man mehrere Annahmen gemacht haben und nicht wissen, welche Annahme zweifelhaft ist, muss man alles überdenken. Wenn man versucht, fragwürdige Annahmen als Grundlage für weitere Annahmen zu verwenden, potenziert sich das Problem und zum Schluss weiß man überhaupt nicht mehr, wo man anfangen soll.

Wenn man fragwürdige Annahmen übernimmt, nicht mehr hinterfragt und nur noch auswendig lernt, weil es alle so machen, dann ist das vielleicht vernünftig, aber nicht intelligent und nicht kreativ. Nur, wann schmeißt man den ganzen Unsinn über Bord, insbesondere, wenn man mit diesem Unsinn sein Geld verdient?

Peer Review ist gut gedacht, nur wenn sich die Peers oder Laureaten wie Kardinäle selbst gegenseitig beweihräuchern, hat der Spaß ein Ende. Natürlich hat man Angst, ins Bodenlose zu fallen, wenn man an den Grundfesten rüttelt und man braucht gar nicht viel zu rütteln, um den weichen Sand, auf dem das Fundament steht, zu erkennen. Das Gebäude der Wissenschaft ist eine auf der Spitze stehende Pyramide, die umfällt, wenn man im Sand scharrt.

Nur, je höher die Pyramide wächst, desto unangenehmer wird der Fall. Ein Evolutionsmodell berücksichtigt unter anderem auch eine zunehmende Intelligenz, so wie einen zunehmenden Informationsspeicher. Die einfachsten Elemente der Gravitation benötigen ja gar keinen IQ von 140, der IQ kann auch in der 12. oder 100. Stelle nach dem Komma angesiedelt sein, er darf nur nicht exakt 0 sein, Materie darf nur nicht *perfekt dumm* sein. Wie gesagt, Evolution mag keine Perfektion, auch keine perfekte Dummheit.

Wir selbst sind auch nicht mit einem IQ von 140 auf die Welt gekommen, genau genommen war der bei unserer Geburt gar nicht messbar. Unser IQ ist unter anderem das Ergebnis guter Erziehung und harter Arbeit. Warum sollte es dem Universum anders ergangen sein? Das Universum musste sich alles selber beibringen, es wusste nicht einmal, was es lernen muss. Da ist es am besten, alles auszuprobieren, Vielfalt, und dann zu schauen, was Vorteile hat. Aber bereits für dieses Vergleichen wird ein Informationsspeicher benötigt, je größer, desto besser.

Wie kann man nun diesen Informationsspeicher vergrössern? Am besten durch Anziehung und Kooperation. Das ist bereits ein erstes Vorteilskriterium und tatsächlich die wichtigste Eigenschaft der Gravitation. Die Elemente der Gravitation, ich nannte sie Gravis, besitzen also Affinität (Anziehung) und Trägheit, wobei diese Trägheit der Affinität entgegenwirkt. Affinität und Trägheit sind komplementär, ergänzen sich, und ich denke, es war ein großer Fehler Einsteins, schwere (affine) und träge Masse gleichzusetzen. Vielleicht sind sie vom Wert her gleich (quantitativ), aber nicht vom Wesen (qualitativ).

Meiner Meinung nach ist das keine unbedeutende Randerscheinung, sondern der fundamentale Unterschied zwischen Physik und Evolution. Das wird bei einer genaueren Betrachtung von Affinität (Anziehung) und Trägheit deutlich. Dazu muss man die heutige Physik in Betracht ziehen und man erkennt sofort, dass die Trägheit der Masse entspricht und damit beide proportional zueinander sind. Nach dem Newtonschen Gesetz ist aber die Anziehung proportional dem Quadrat der Masse.

Mit der heutigen Definition von Gewicht hat Einstein natürlich recht, aber *heute* ist nur ein Augenblick in der Geschichte des Universums und da liegt das Problem. Die Physik mit ihrer Energieerhaltung favorisiert zumindest ein quasistationäres Universum und darauf basiert prinzipiell auch Einsteins allgemeine Relativitätstheorie. Die Komplementarität und Asymmetrie der Gravitation sind damit nicht vereinbar, im Gegenteil sind sie typische Merkmale einer Evolution.

Ein neues Denken darf Evolution nicht als Randerscheinung betrachten, die sich irgendwann und irgendwo einmal als biologische Evolution äußert, nein, ein neues Denken muss Evolution als zentrales Element des Universums anerkennen. Evolution setzt ein Mindestmaß, ein Minimum an Intelligenz voraus, das so klein sein kann, dass wir Menschen heute diese Intelligenz gar nicht wahrnehmen können.

Wenn aber Intelligenz als vorteilhafte Verwendung von Informationsspeicher betrachtet wird, dann kann man auch eine Zunahme des Informationsspeichers einer Intelligenz zuschreiben. Wenn also ein wachsender Informationsspeicher ein ***Sekundäreffekt*** von Intelligenz ist, dann kann uns schon dieser Sekundäreffekt als Hinweis auf eine primäre Intelligenz dienen.

Informationsspeicher

Unsere Wahrnehmung beruht vermutlich überwiegend auf Sekundäreffekten. Ein Beispiel ist die Gravitation. Was wir wahrnehmen, ist die Anziehung *riesiger* Massen, was Gravitation selbst ist, können wir nur abstrahieren. Wir schreiben ihr zwei komplementäre, asymmetrische Eigenschaften zu, Affinität und Trägheit.

Insbesondere würde bei zunehmender Materie die Affinität rasant zunehmen und die Trägheit eindeutig übersteigen. Um ein Verklumpen von Galaxien oder gar dem ganzen Universum zu verhindern, reicht Trägheit nicht aus und es müssen neue Wege gefunden werden, z.B. eine elektromagnetische Abstossung. Das könnte man als Beginn der Physik betrachten.

Warum nachfolgende Kräfte stärker, aber lokaler sein sollten als vorangehende, habe ich in meinem Buch *Evolution vs. Physik* dargelegt (s. Abb. 3). Wären sie schwächer als die vorangehenden, hätten sie kaum Wirkung und wären sie nicht lokaler, würden die vorangehenden Kräfte übertüncht werden.

Die extrem schwache Gravitation muss eine enorme Reichweite haben, wobei diese ein Maß ihrer Ausbreitungsgeschwindigkeit sein sollte. Mit zunehmenden Kooperationen und damit zunehmender Trägheit sollte diese Ausbreitungsgeschwindigkeit abnehmen. Aus Abb. 3 wird deutlich, warum die Kernkraft tatsächlich außerhalb des Atomkerns praktisch verschwindend gering ist.

Die Lichtgeschwindigkeit ist vermutlich ein Anhaltspunkt für die Reichweite des Elektromagnetismus und wenn wir Sterne noch in Millionen Lichtjahren Entfernung sehen können, muss auch das einem Sekundäreffekt zugeordnet werden, einem Sekundäreffekt, der sich mir persönlich nicht sofort erschließt und viele Fragen aufwirft.

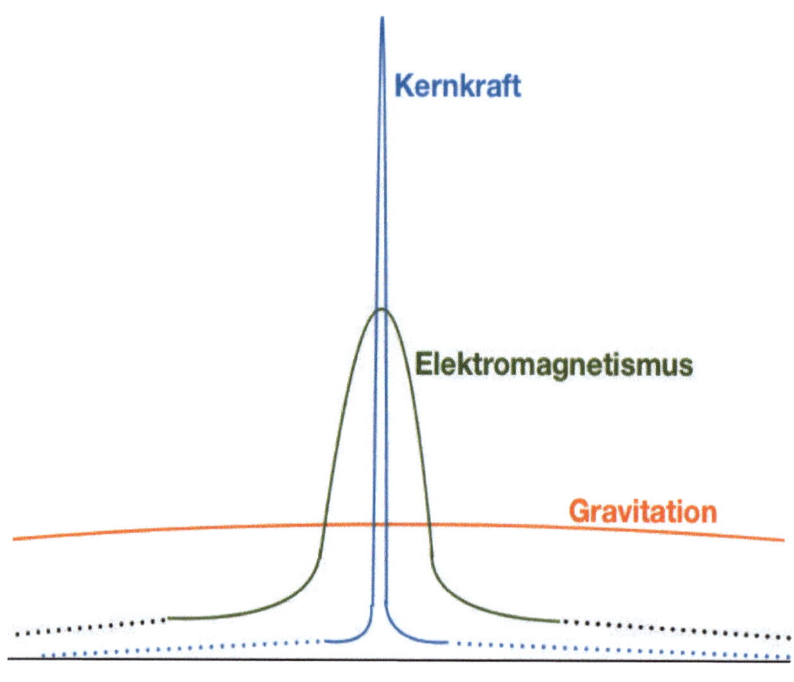

Abb. 3: Lokalität der Wechselwirkungen

Elektromagnetismus und Kernkraft kann man im Gegensatz zur Gravitation als Kräfte der Physik betrachten, da wir sie gewissermaßen in einem physikalischen Labor erzeugen und manipulieren können. Das ist bei der Gravitation nicht möglich und wir können somit auch nicht mit Laborversuchen herausfinden, wie eine veränderliche Gravitation den Elektromagnetismus beeinflusst. Hier muss die Experimentalphysik passen und damit verliert die Wissenschaft an diesem Punkt ihr wichtigstes Standbein, die Überprüfbarkeit.

Das ist der zweite wunde Punkt bei Einsteins Postulaten. Unveränderliche Naturgesetze sind letztlich gleichbedeutend mit unveränderlicher Gravitation. Aber auch das schließt Evolution aus, leider auch eine extrem langsame Evolution. Wenn eine physikalische Evolution tatsächlich mindestens eine Million Mal langsamer ist als die biologische Evolution, dann ist sie für uns Menschen praktisch irrelevant, aber eben nicht für ein Verständnis der Welt.

Richtig interessant wird es dann allerdings, wenn man eine noch langsamere Evolution, die kosmische Evolution berücksichtigt. Das würde es uns zumindest theoretisch erlauben, die physikalische Evolution auf die kosmische Evolution zu projizieren und damit Rückwirkungen kosmischer Veränderungen auf die Physik zu analysieren.

Empirische Erkenntnisse sind dabei unmöglich, aber wenn wir damit Paradoxien vermeiden können, ist das schon ein Teil der Miete. Hier ist zu erwähnen, dass evolutionäre Erkenntnisse dadurch gewonnen werden, dass man Annahmen, die Paradoxien hervorrufen, ausschließt. Spannend ist dabei eigentlich die Frage, wie spezifisch eine Annahme sein kann, ohne ein Paradoxon zu erzeugen.

Bei der Zunahme von Informationsspeicher gibt es noch eine erwähnenswerte Besonderheit, Ordnung. Ordnung vergrößert den Informationsspeicher, schränkt aber die Freiheit der Einzelelemente ein. Ein kleines Beispiel soll das verdeutlichen. Wenn sich drei Personen in einem Raum befinden, frei herumlaufen und jeweils ein Glas Bier in der Hand halten könnten, ergeben sich vier Möglichkeiten: 0,1,2 oder 3 Glas Bier.

Wenn die drei Personen jedoch geordnet auf einer Bank sitzen oder sich sonst wie unterscheiden lassen, links, mittig, rechts, gibt es die bekannten acht Möglichkeiten, weil es für 1 oder 2 Gläser je drei Möglichkeiten gibt.

In der Physik bezeichnet man ununterscheidbare Teilchen als Bosonen, unterscheidbare Teilchen als Fermionen. Dabei bezieht sich diese mögliche Unterscheidbarkeit jedoch nicht notwendig auf die Teilchen selbst, sondern auf das Auflösungsvermögen des Beobachters (s. Abb. 4).

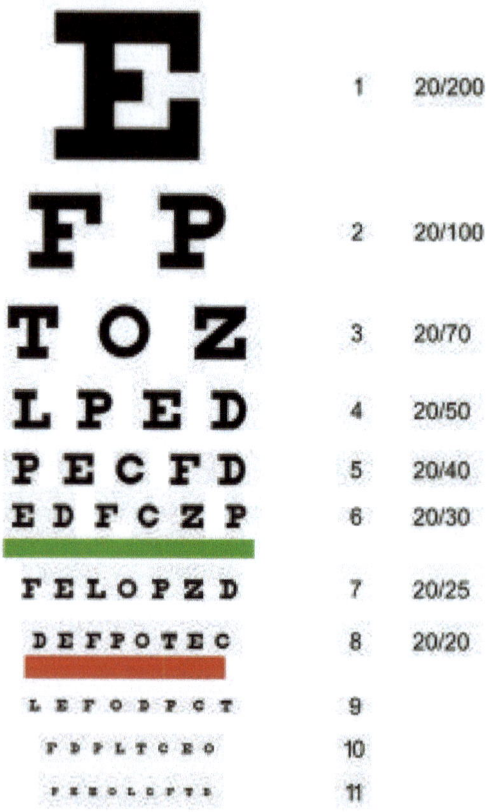

Abb. 4: Sehtest

Wenn man den Sehtest nach unten fortführt, werden die Zeichen (Fermionen) immer kleiner und irgendwann nicht mehr unterscheidbar, sondern nur noch Punkte (Bosonen), die bei weiterer Verkleinerung ganz verschwinden.

Wichtig für den Informationsspeicher ist hier, dass er sich durch Ordnung oder eine Zuordnung vergrößern lässt. Für intelligente Systeme sollte Ordnung folglich vorteilhaft sein. Zudem lässt sich Ordnung besser reproduzieren als Chaos. Wenn wir unseren Kosmos betrachten, finden wir auch tatsächlich Ordnung auf allen Ebenen und allein das sollte uns bereits als Hinweis auf eine rudimentäre Intelligenz genügen.

Wenn wir Intelligenz mit Leben assoziieren, dann sollte Paracelsus mit seiner Aussage, dass die Welt ein lebendiges Wesen ist, recht haben. Dann ist aber auch Intelligenz etwas anderes, als es gemeinhin von den Geisteswissenschaften definiert wird.

Synchronisation

Ein anschauliches wissenschaftliches Beispiel der Komplementarität ist der bekannte Welle-Teilchen-Dualismus des Lichts. In der Physik ist eine Welle zunächst einmal durch eine Frequenz, durch die Frequenz einer Schwingung charakterisiert. Ohne die Analogien einer Wasserwelle oder einer Pendelschwingung repräsentiert eine Frequenz die Häufigkeit einer regelmäßigen Zustandsänderung. Im einfachsten Fall kann eine Entität zwei stabile Zustände besitzen, nennen wir sie 0 und 1, dann gibt die Frequenz an, wie häufig diese Entität ihren Zustand ändert. Wenn diese Zustandsänderung zufällig und unregelmäßig ist, kann man überhaupt nicht von einer *Frequenz* im physikalischen Sinn sprechen, wohl aber von einer *Frequenz* im Sinne von Häufigkeit.

Eine Frequenz im physikalischen Sinn setzt eine Regelmäßigkeit voraus, die auf zweierlei Art möglich ist. Zum einen kann die Zustandsänderung selbst regelmäßig sein oder man bildet Mittelwerte über ganz spezielle Zeiträume, die dann eine Regelmäßigkeit vermitteln. Man erkennt sofort, dass der Mensch oder die Natur auf die erste Möglichkeit keinerlei Einfluss hat, wohl aber auf die zweite durch die Auswahl der Zeiträume. Das lässt sich auch so interpretieren, dass es möglicherweise gar keine ***ursprüngliche*** Regelmäßigkeit oder Ordnung gibt, sondern diese erst durch die ***Synchronisation*** der initialen Zustandsänderungen erzielt wird.

Warum es überhaupt Zustandsänderungen gibt, kann man anhand von kurzweiligen Informationen plausibel machen. Wenn eine reale (träge) Information eine endliche Lebensdauer hat, dann entspricht die Entstehung einer Information einer Zustandsänderung von 0 nach 1 und das Vergehen dieser Information einer Zustandsänderung von 1 nach 0. Wenn diese Information allerdings etwas bewirken möchte, muss sie während ihrer Lebensdauer irgendwie *empfangen* werden oder mindestens eine andere Information *treffen*. Diese Plausibilitätserklärung hilft beim Verständnis von Zustandsänderungen, erklärt aber nicht, warum es überhaupt Informationen gibt oder geben kann. Das liegt außerhalb unserer Erkenntnisfähigkeit.

Eine einzelne Information hat demnach nur zwei Zustandsänderungen, ihre Entstehung und ihr Vergehen und dabei macht der Begriff *Frequenz* zunächst wenig Sinn. Bei dieser Vorstellung gäbe es eine originäre Regelmäßigkeit bei einer regelmäßigen Informationsentstehung. In Anbetracht physikalischer Größenverhältnisse sollte man diese originären Informationen im Bereich der Gravitation ansiedeln. Bei diesen Größenverhältnissen ist es aber auch ein langer Weg von diesen originären Informationen bis zu Photonen, den von Physikern favorisierten Austauschteilchen des Elektromagnetismus und ein noch längerer Weg bis hin zu Neutronen, Protonen, Elektronen oder Atomen.

Dieser ganze lange Weg liegt weit außerhalb des elektromagnetischen Auflösungsvermögens, und anzunehmen, dass dieser lange Weg eine schnurgerade Autobahn ist, ist im Grund genommen schon vermessen. Normalerweise würde man annehmen, dass der Weg irgendwo als Trampelpfad oder besser noch mit vielen unterschiedlichen Trampelpfaden beginnt, die sich dann sammeln oder synchronisieren und im Laufe der Zeit immer neue Regeln benötigen. Wir kennen das aus unserer eigenen Gesellschaft, ein Staat braucht andere Regeln als eine Familie, und (fast) keiner glaubt, dass es staatliche Gesetze seit Ewigkeiten und für die Ewigkeit gibt.

Im Gegenteil, vernünftige Menschen plädieren sogar dafür, Gesetze mit einem Verfallsdatum oder besser einem Überprüfungsdatum zu versehen, um einer sich wandelnden Gesellschaft Rechnung tragen zu können. Im Prinzip ist das auch theoretischen Physikern bewusst und diese haben deshalb die Entwicklung von den Trampelpfaden bis zur schnurgeraden Autobahn in die erste Millisekunde des Universums verfrachtet. Diese Vorstellung ist zwar legitim, in den meisten Ländern herrscht *Glaubensfreiheit*, aber Zweifel an dieser Vorstellung sind mehr als berechtigt.

Bei diesen Vorstellungen und Zweifeln muss berücksichtigt werden, dass sowohl die Physik und Mathematik als auch unser Gottesbild von uns Menschen ersonnen wurden und damit auch ein Spiegelbild der kognitiven Entwicklung der Menschheit sind. Physik, Mathematik und Gott, ich nenne alle drei bewusst in einem Atemzug, sind Produkte unserer kognitiven Fähigkeiten und damit einer ständigen Entwicklung unterworfen, sind also und werden niemals perfekt sein. Das bedeutet aber auch gleichermaßen, dass alle drei irgendwie in unseren Köpfen virtuell präsent sind. Physik, Mathematik und Gott sind virtuell, für sie gilt ein sowohl...als auch und eine bewusste Festlegung auf ein entweder...oder entspricht nicht ihrem Charakter oder ihrem Wesen.

Der Begriff der Synchronisation ist schon in unserem Sprachgebrauch nicht eindeutig. Zum einen bedeutet er eine Art Gleichklang von Bewegungen zu erzeugen (Synchron-Schwimmen), andererseits aber auch einen Prozessablauf zu steuern. Beide Spielarten sind für unser Universum wichtig. Zum einen kann man nur Entitäten synchronisieren, die in etwa ähnliche Trägheiten besitzen, zum anderen müssen aber auch aufeinanderfolgende Schritte auf dem jeweils vorangegangenen Schritt aufbauen. Das ist das verallgemeinerte Ursache-Wirkung-Prinzip. Eine Wirkung benötigt immer eine Ursache, aber eine Ursache muss nicht immer die gleiche Wirkung hervorrufen und eine Wirkung nicht immer die gleiche Ursache haben.

Materie und Leben

Leben, so wie wir es derzeit begreifen und meistens definieren, beruht unter anderem auf Veränderungen, Anpassungsfähigkeit und Vielfalt, Eigenschaften, die man auch der Materie zuordnen kann, wenn auch auf einer anderen Skala. Auf einer Exkursion mit Geologen geht es immer um die Vielfalt, Herkunft, Entstehung und das Alter der jeweiligen Formation. Die Geologie wird so lebendig vermittelt, dass man sich wie im Zoo vorkommt, im Zoo der Formationen und Gesteine.

Jede geologische Art hat ihre eigene Historie, ihre eigene Geschichte und schon 100 Meter weiter hat die gleiche Formation bereits ein anderes Erscheinungsbild. Die Geschichten, die einem die Geologen erzählen können, erinnern an Zeitreisen und sind mindestens genauso spannend, wie die Geschichten, die Zoologen von ihren Safaris erzählen oder Meeresbiologen von ihren Tauchgängen.

Je mehr man sich mit Geologie, mit Plattentektonik und den Veränderungen der Erdkruste beschäftigt, umso mehr erwachen diese zum Leben. Natürlich muss man dafür einen ganz anderen Zeithorizont betrachten, nicht Tage oder Jahre, sondern Jahrtausende oder gar Jahrmillionen. Wenn man aber diesen Zeitraffer endlich eingeschaltet hat, dann läuft vor dem geistigen Auge ein unwahrscheinlicher Film ab, der einen immer wieder staunen lässt.

Dieser Film entspringt zwar nur unserer Phantasie, ist aber *science fiction* pur. Es ist schade, dass sich dieser Begriff verselbstständigt hat und heutzutage mehr für Zukunftsmalereien verwendet wird als für wirklich wissenschaftliche Geschichten. *Fiction* bedeutet natürlich auch *erfundene Geschichte* und trifft insofern tatsächlich auch auf jede wissenschaftliche Theorie zu.

Der Unterschied zwischen einer wissenschaftlichen Theorie und science fiction ist einzig die Überprüfung oder Überprüfbarkeit. Eine wissenschaftliche Theorie <u>muss</u> überprüfbar sein und dieser Überprüfung langfristig standhalten. Wenn man sich mit Geologie und Geophysik befasst, kommt man immer wieder an Grenzen der Überprüfbarkeit.

Seit der Entwicklung der Theorie der Plattentektonik durch Alfred Wegener nimmt man an, dass im Perm alle vorhandenen Landmassen in einem Urkontinent, Pangaea, vereint waren. Das ist eine Annahme, eine plausible Annahme, weil sich beispielsweise Südamerika gut an Afrika anfügen ließe. Dass sich die Kontinentalplatten bewegen und bewegt haben, ist sicher, aber wie Pangaea tatsächlich aussah, ist ein wenig science fiction.

Die Geschichte von Pangaea steht symbolisch für die Geschichten der Wissenschaften, sie ähneln einem Puzzle-Spiel, von dem nur eine geringe Anzahl der Puzzle-Teile vorhanden sind, den Rest muss science fiction ersetzen. Das ist der gefährliche Punkt. Man muss Geschichten erfinden, die nicht überprüfbar sind (es gibt kein Satellitenbild von Pangaea), sondern nur auf überprüfbaren Indizien beruhen. Da die meisten Indizien unterschiedliche Schlussfolgerungen zulassen, ist man auf beste Annahmen angewiesen.

An diesem Punkt kommt die menschliche Psyche ins Spiel, die ein nicht unwesentlicher Teil jeder Wissenschaft ist. Wenn man beispielsweise annimmt, dass eine gute Annahme zu 90% richtig ist und man auf dieser guten Annahme weitere gute Annahmen aufbaut, dann ist irgendwann ziemlich bald einmal das Produkt all dieser Annahmen keine gute Wahl mehr, obwohl jede einzelne Annahme eine gute Wahl war.

Nach Darwin entsteht die Vielfalt des Lebens letztlich durch Mutationen, durch erfolgreiche Mutationen, von denen jede Einzelne zwar extrem selten ist, aber das Produkt von Millionen von Millionen Mutationen bewirkt dann doch bemerkenswerte Veränderungen und eine Vielfalt, die den Umweltbedingungen geschuldet ist. Evolution ist eigentlich der einzige uns bekannte Prozess, der für Vielfalt verantwortlich ist. Warum sollte man diesen Prozess bei der Erklärung von Vielfalt bei Materie (Geologie) oder Galaxien (Kosmologie) ausschliessen?

Um die menschliche Psyche zu verstehen, muss man die Geschichte der menschlichen Kultur verstehen, der menschlichen Sprache. Sprache ist ein Kommunikationsmittel und dafür ist es notwendig, dass alle Kommunikationspartner verstehen sollten, was der andere meint. Um das zu erreichen, werden Begriffen Worte zugeordnet und alle Begriffe und Worte mit einer Definition versehen. Vom Prinzip her ist das sehr einfach, nur übersteigt irgendwann die Anzahl der Worte die Gehirnkapazität und zudem *lebt* Sprache, d.h. die Bedeutung einzelner Worte kann sich im Laufe der Zeit verändern.

Das ist höchst unangenehm, weil es bei großen Gemeinschaften schon sehr lange dauert, bis eine Definition von allen verstanden wird. Wenn sich diese Definitionen dann auch noch häufig ändern, versteht das eine Ende der Gemeinschaft gar nicht mehr, was das andere Ende mitteilen möchte. Diese Problematik ist allseits bekannt und man versucht sie durch ständige Wiederholungen, durch Rituale, zu vermeiden.

Rituale machen aber nur Sinn, wenn die Erkenntnis, die ritualisiert wird, tatsächlich unveränderlich ist oder unveränderlich erscheint. Diese Unveränderlichkeit kann aber nur mit dem verfügbaren Zeithorizont bemessen werden. Wenn man in einem bestimmten Zeitrahmen keine Veränderungen feststellen kann, dann ist diese Größe *in diesem Zeitrahmen* unveränderlich. Diese Einschränkung wird dann oft vergessen.

Aus der Mathematik, von Kurvendiskussionen, weiß man, dass man mit wenigen Punkten nur näherungsweise den Verlauf der Kurve bestimmen kann. Eine Interpolation zwischen diesen Punkten mag noch grenzwertig sein, eine Extrapolation dagegen ist mehr als grenzwertig und erfordert uneingeschränktes Gottvertrauen.

Der Zeithorizont des Menschen hat sich aber ständig erweitert. Als die Bibel verfasst wurde, dachte man, die Welt sei nicht älter als 10.000 Jahre, um 1800 vermutete Jean-Baptiste de Lamarck, dass die Erde mindestens 1 Million Jahre alt sein müsse und Mitte des 20. Jahrhunderts befand *man*, dass das Universum 13,8 Milliarden Jahre alt ist, letzteres, weil die Naturgesetze unveränderlich sind.

Wie so oft sind Propheten auch nur Menschen und somit fehlbar, auch Papst Pius IX, der 1870 die Unfehlbarkeit des Papstes dogmatisierte, aber das nur am Rande. Unveränderliche Regeln oder Gesetze hätten den Vorteil, dass man sie in alle Ewigkeit fortschreiben könnte, aber um welchen Preis? Unveränderliche Naturgesetze machen nur Sinn in einer Welt, die auch unveränderlich ist, aber was genau ist dann diese unveränderliche Welt?

Diese unveränderliche Welt kann jedenfalls nicht die Welt sein, die wir wahrnehmen und beobachten können, aber was nutzen einem dann unveränderliche Naturgesetze, wenn sie gar nicht in der Welt gelten, die wir wahrnehmen? Wie will man gegebenenfalls diese Änderungen feststellen mit Methoden, die aus dieser Unveränderlichkeit heraus entwickelt wurden? All diese Fragen erübrigen sich automatisch, wenn man jeder Form der Extrapolation eine klare wissenschaftliche Absage erteilt.

Wissenschaft darf nicht extrapolieren, sonst verliert sie ihre Glaubwürdigkeit. Wir können und dürfen auch nicht extrapolieren, dass eine Physik, die hier auf der Erde gilt, auch überall in fernen Galaxien gelten muss. Das ist keine Wissenschaft, sondern höchstens gutgemeinte Dummschwätzerei. An dieser Stelle lehne ich mich sehr weit aus dem Fenster, bewusst, denn es macht überhaupt keinen Sinn, Annahmen fortzuführen und für weitere Annahmen zu verwenden, wenn bereits die erste Annahme nicht überprüfbar ist.

Das ähnelt dem Lügen. Wenn man einmal anfängt zu lügen, muss man diese Lüge durch immer weitere Lügen bestätigen und aufrechterhalten. Nach einer Weile muss man diese Lügen sogar dokumentieren, damit man sich nicht irgendwann in seinem eigenen Wirrwarr verhaspelt. Unsere Psyche kommt damit aber seht gut zurecht, so lange die Lüge oft genug widerholt wird und von vielen geglaubt wird. Wer diese Darstellung zu aggressiv findet, kann das Wort Lüge durch *unangemessene Annahme, ungerechtfertigte Vereinfachung* oder *nicht nachprüfbare Behauptung* ersetzen, dann wird der Inhalt nicht anders, nur länger. Verwerflich ist nicht das Lügen, sondern das vorsätzliche oder bewusste Lügen und nachgewiesenermaßen lügt jeder Mensch mehrmals täglich und meist nicht absichtlich oder mit bösen Absichten.

Wenn nicht überprüfbare Annahmen dennoch zum allgemeinen Konsens werden, werden daraus auch Definitionen abgeleitet. Definitionen sind per se nicht richtig oder falsch, sondern spiegeln nur den üblichen Gebrauch eines Begriffs wider.

Am Beispiel des Begriffs *Intelligenz* wird deutlich, wie sehr sich Denken und Definitionen gegenseitig beeinflussen. Einem flexiblen Denken stehen vergleichsweise starre Definitionen gegenüber. Das ist insofern verständlich, weil Definitionen nur Sinn machen, wenn sie von der Allgemeinheit gebilligt und getragen werden.

Für diese Allgemeinheit ist aber für Intelligenz immer noch eine im Gehirn angesiedelte Zentraleinheit maßgeblich.

Intelligenz gilt häufig auch als Attribut einer Perfektion und ein allwissender und allmächtiger Gott erscheint als Sinnbild einer perfekten Intelligenz.

Dementgegen steht eine evolutionäre Intelligenzentwicklung, die bei fast Null beginnen kann. Als Informationsspeicher kann man etwas bezeichnen, das eine Information aufnehmen kann, behalten oder speichern kann und bei Bedarf wieder abgeben kann. Wir haben gesehen, dass eine Information, die nicht leer ist, so etwas wie Trägheit, Masse oder Materie besitzen muss. Ich bezeichne das spaßhalber als **T-MoM**, um nicht mit anderen Definitionen in Konflikt zu geraten

Wie klein dieses T-MoM sein kann, wissen wir nicht. Das kleinste T-MoM, das wir abstrahieren können, lässt sich auf die Gravitation zurückführen, von der wir aber tatsächlich nur den Sekundäreffekt riesiger Massen wahrnehmen. Die möglichen Elemente der Gravitation sind so klein, dass wir sie zumindest elektromagnetisch nicht auflösen können.

Es ist enorm wichtig zu verstehen, dass es sich bei der von uns beobachteten und gemessenen Gravitation um einen Sekundäreffekt handelt und der mögliche Primäreffekt nur abstrahiert ist und zumindest zurzeit nicht empirisch nachgewiesen werden kann.

Aus dem Größenverhältnis der zugeordneten Kräfte kann man zumindest schließen, dass die *Elemente* der Gravitation ca. 30 Zehnerpotenzen kleiner sein sollten als die *Elemente* des Elektromagnetismus, wobei nicht einmal eindeutig ist, was unter den zugehörigen *Elementen* zu verstehen ist.

Wir wissen heute, dass die Gravitation elektromagnetische Wellen und die komplementären Photonen, die wir uns als *Elemente* des EM vorstellen, beeinflussen. Warum es jedoch Gravitation gibt, wie sie erzeugt und beeinflusst wird, entzieht sich unserer Beobachtung. Wir können nur vermuten, dass es ohne T-MoM wahrscheinlich weder Zeit noch Raum und folglich auch keine Beobachtung geben würde. Das schließt allerdings nicht aus, dass es noch kleinere *Elemente* als die T-MoM geben kann, die sich unserer Wahrnehmung vollständig entziehen.

Der Sekundäreffekt der Gravitation wird tatsächlich durch die Affinität der Gravis hervorgerufen, d.h. ohne diese Affinität gäbe es keine Wahrnehmung und keine Evolution. Alles, was wir wahrnehmen und uns vorstellen, beruht letztlich auf der Affinität der Gravitation, auf dem Effekt, dass sich Informationen anziehen oder treffen, interagieren bzw. wechselwirken. Das lässt sich auch so verstehen, dass Informationen, die nicht wechselwirken auch keine Wirkung erzeugen und gewissermaßen als *leere Informationen* betrachtet werden können.

Warum es überhaupt Informationen aus dem Nichts gibt, lässt sich nicht mit Wissenschaft erklären, das ist das Gebiet der Religionen oder der Philosophie. Wenn es aber affine Informationen gibt, dann ist die weitere Entwicklung nachvollziehbar. Insofern könnte man Affinität als die Urform der Intelligenz betrachten. Affinität führt zu einer Vergrößerung des Informationsspeichers und die daraus resultierenden Vorteile müssen irgendwie verstanden sein.

Allein der Ausdruck *irgendwie verstanden* zeigt bereits, wie schwammig der Begriff *Intelligenz* tatsächlich ist. Das bewog mich dazu, Intelligenz als die Fähigkeit, Vorteile zu erkennen, zu definieren. Prinzipiell bieten Kooperationen und Ordnung Vorteile, aber nur solange Ressourcen unbeschränkt verfügbar sind. Bei beschränkt verfügbaren Ressourcen entsteht notgedrungen ein Wettbewerb um diese Ressourcen und dieser Wettbewerb ist im Grunde genommen nur ein Maß der Vorteile.

Vorteil und Intelligenz benötigen einen Bezug und allein deshalb definiert man bereits acht verschiedene Formen von Intelligenz. Bei Vorteilen wird oft als Vergleich der Istzustand herangezogen. Vorteil und Intelligenz sind Qualitäten und für deren Bewertung gibt es keine quantitative Skala. Das macht den Wettbewerb und Vorhersagen so schwierig und ganz selten kann man sich auf Erfahrungen aus der Vergangenheit (Vernunft) verlassen.

Bei sehr langsamen Veränderungen kann man das Verhalten in der Vergangenheit noch in Betracht ziehen, aber bei kritischen Entwicklungen hilft das wenig. Jede Krise hat ihre eigenen Parameter und eigenen Auswirkungen und da ist Kreativität gefordert. Wir Menschen neigen allerdings dazu, bewährten Mustern zu vertrauen, auch wenn diese Muster keinen Sinn mehr ergeben.

Ein Beispiel dafür ist das Wirtschaftswachstum und die gängige Lehrmeinung besagt, dass höhere Zinsen das Wachstum verringern und niedrigere Zinsen das Wachstum erhöhen. Das funktioniert aber nicht mehr, wenn das Wachstum gesättigt ist und die Zinsen bereits bei 0% sind. Diese Lehrmeinung gilt allerdings nur für quantitatives Wachstum, ein qualitatives Wachstum ist davon unberührt und folgt eigenen Regeln.

Wenn das quantitative Wachstum eine Sättigung erreicht hat, ist das generell ein Hinweis auf eine Ressourcenknappheit und die mit ihr einhergehende Verteuerung der Produkte. In dem Fall bleiben nur zwei Möglichkeiten, entweder die Ressourcen zu schonen oder zu anderen Ressourcen und Produkten zu wechseln. In beiden Fällen sind jedoch neue Ideen gefragt, die es bisher noch nicht gab und für die auch noch keine Erfahrungen vorliegen.

Genau in dieser Situation befindet sich die Menschheit jetzt und was da erforderlich ist, sind neue Ideen, Vielfalt und

Kreativität. Man muss deshalb nicht auf Erfahrungen verzichten, aber man muss auch Dinge in Betracht ziehen, die in der Vergangenheit weniger vorteilhaft waren. Wirtschaftliches Wachstum ist keine notwendige Voraussetzung für eine intakte Gesellschaft, ganz im Gegenteil verdeckt es nur die eigentlichen Probleme.

Erst die Industrialisierung und der Kapitalismus haben das quantitative Wachstum und Überfluss in Hülle und Fülle zum Maß der Dinge gemacht und jetzt müssen wir die Geister, die wir selber riefen, wieder loswerden, und das scheint weitaus schwieriger zu sein als gedacht. Wir benötigen einen Strukturwandel, wie er in der Evolution häufig zu verzeichnen ist, meist mit gravierenden Schäden für das gerade zur Neige gehende System. Ein Mainstream schaufelt immer sein eigenes Grab.

In ähnlicher Form hat das bereits Paracelsus vor ca. 500 Jahren ausgedrückt: *Die Dosis ist (macht) das Gift.* Die Universalität dieser Aussage ist beeindruckend, denn sie bezieht sich auf alles, egal ob Medikamente, Alkohol, Sport, Lebensweisen, Ideologien, Religionen oder Gemeinschaften.... Selbst zu viel des Guten ist nicht mehr gut. Genau das ist aber die Eigenheit oder Eigenschaft der Komplementarität. Es gibt immer mindestens eine andere Betrachtungsweise, die aber nicht *gleichzeitig* verwendet werden kann.

Carl Friedrich von Weizsäcker beschrieb Komplementarität in der Wissenschaft so: "*Die Komplementarität besteht darin, dass sie nicht beide (gleichzeitig) benutzt werden können, gleichwohl beide benutzt werden müssen.*" Es ist nicht verwunderlich, dass der Begriff *Komplementarität* von dem amerikanischen Psychologen William James in Zusammenhang mit Schizophrenie geprägt wurde.

Diese Komplementarität ist der Gravitation bereits inhärent, einer anziehenden Affinität wirkt eine Trägheit entgegen und diese Komplementarität ist nicht symmetrisch, sondern eindeutig asymmetrisch. Symmetrien sind wie Gleichungen menschengemacht, weil wir sie einfacher handhaben können und damit eine ganze Geisteswissenschaft, die Mathematik, entwickeln können.

Jedes Kind ist stolz, wenn es den Pythagoras gelernt hat, $a^2 + b^2 = c^2$, aber wo in der Natur findet man rechtwinklige Dreiecke? Mathematiker entwickeln seitenlange Formeln, um ein möglicherweise zufälliges Ereignis zu beschreiben und werden dafür sogar bewundert. Die Natur, die Welt, hat sich aber tatsächlich nur weiterentwickelt (Evolution), weil es (zufällige) Ausnahmen (Mutationen) von der Perfektion gibt und immer gegeben hat.

Vielleicht ist auch Intelligenz nur eine (zufällige) Ausnahme (Mutation) einer perfekten Dummheit, die einfach nur alles blind kopiert, ohne über Alternativen nachzudenken. Selbst manche Politiker behaupten sogar, dass manche Handlungen alternativlos seien, aber das ist ein Armutszeugnis erster Güte. Alternativen (andere Möglichkeiten) gibt es immer, mit anderen Vor- und Nachteilen für unterschiedliche Zielsetzungen.

Vielleicht ist Intelligenz die individuelle Fähigkeit über eigene alternative Möglichkeiten (mindestens 2) nachzudenken, Vor- und Nachteile abzuwägen, nicht der Herde zu folgen und nicht blind all das nachzuahmen, was die große Masse macht. Vielleicht ist Intelligenz aber gerade die Fähigkeit zwischen Individualismus (Egoismus) und Konformität (Altruismus) abzuwägen und einen guten Mittelweg zu wählen.

In jedem Fall ist Intelligenz zufällig und damit auch jede Theorie und jedes Weltbild. Eine nächste Stufe der Intelligenz ist dann die wiederum zufällige Bewertung einer bereits zufälligen Intelligenz und und und….

Mein persönliches Resümee

Ich persönlich lebe lieber in einer Welt, die so viel Intelligenz aufbringt, dass sie mit Asymmetrien, Komplementaritäten, zufälligen Mutationen und daraus sich ergebenden neuen Qualitäten umgehen kann, als in einer Welt, die durch einen großen Bumms entstanden ist und irgendwann in den Weiten des Nirwanas verschwindet.

Und das alle nur, weil wir der Materie im Kosmos keine Intelligenz zugestehen wollen. Wir selbst halten uns für intelligent, wenn wir für die astronomische Rotverschiebung nur eine einzige Erklärung gelten lassen, den physikalischen Doppler-Effekt, und gar nicht mehr nach anderen Möglichkeiten suchen. Wir halten uns für intelligent, wenn wir einen Energieerhaltungssatz, der nur für energetisch abgeschlossene oder neutrale Systeme, für Zeitlosigkeit oder in der Zeit invariante Systeme angedacht war, auf das gesamte, uns völlig unbekannte Universum ausweiten.

Wir halten uns für intelligent, wenn wir auf unbewiesenen Annahmen immer weitere Annahmen aufbauen und jede kleinste Bestätigung, die auch ganz andere Gründe haben kann, als Hinweis auf deren Richtigkeit betrachten. Wir halten uns für intelligent oder kreativ, wenn wir Filme produzieren, die fernab jeder Realität sind, die Gewalt und Grausamkeit verherrlichen und immer noch den letzten Film übertreffen müssen.

Wir halten uns für intelligent, wenn wir andere Menschen für unseren eigenen Vorteil manipulieren, ohne das Allgemeinwohl zu berücksichtigen. Wir halten uns für intelligent, wenn wir die Tragik der Allmende verstehen, aber nichts dagegen unternehmen. Wir halten uns für intelligent, obwohl wir den Begriff der Nächstenliebe missverstehen. Wir helfen nicht unseren Nächsten, deren Probleme wir kennen, sondern abstrakten Fremden, deren Probleme wir gar nicht nachvollziehen können und nur vom Hörensagen kennen.

Ich selbst habe in 15 verschiedenen Ländern gelebt und gearbeitet und dabei so viele Probleme kennengelernt, die sich nicht mit Geld oder Vorurteilen beheben lassen. Fast alle Gesellschaften sind ab einer bestimmten Größe so in ihren Traditionen verhaftet, dass ein Entkommen aus diesen Zwängen zwar notwendig, aber nicht *bezahlbar* ist.

In großen Gemeinschaften gilt als *normal*, was die große Masse macht und nicht das, was vorteilhaft sein könnte. Diese Normalität wird zum Mainstream, der die meisten Ressourcen zumeist sinnlos verbraucht und vergeudet. Nach der Devise, dass das, was alle machen, nicht falsch sein kann, gehen die Gemeinschaften, die sich nicht von innen heraus erneuern können, erst langsam und dann immer schneller zu Grunde. Nicht umsonst sagt man: *Wehret den Anfängen.*

Die Größe der Gemeinschaft hat einen enormen Einfluss auf ihre Leistungsfähigkeit, aber nur bis zu einem kritischen Punkt, ab dem sich Größe negativ bemerkbar macht. Für diesen kritischen Punkt gibt es keine generelle Regel, er ist abhängig vom Wesen und den Zielen der Gemeinschaft. In alten Stammesgesellschaften kannte praktisch jeder jeden und es gab daher keine Anonymität, jeder musste sein Handeln rechtfertigen.

Inzwischen sind Gemeinschaften so groß und unpersönlich geworden, dass direkte Kontakte nur noch in Einzelfällen möglich sind und die restliche Kommunikation über vergleichsweise unpersönliche Plattformen abgewickelt werden muss. Die meisten Mitglieder der Gemeinschaft sind uns völlig unbekannt, sind uns fremd und eine Verbindung beruht nicht mehr auf persönlichen Sympathien, sondern nur noch auf gemeinsamen Zielsetzungen, gemeinsamen Parolen oder Ideologien.

Dieser Trend macht auch nicht vor Wissenschaft und Forschung halt. Man kann nur weltweit gemeinsam arbeiten und forschen, wenn man sich auf eine paar Grundannahmen einigt. Eine dieser Annahmen ist zurzeit das expandierende Universum. Für eine Expansion oder Expansionsgeschwindigkeit benötigt man zwar voneinander unabhängige Entfernungs- und Zeitangaben, aber das scheint für Theoretiker kein Hinderungsgrund zu sein. Man multipliziert einfach die Zeit mit einer Konstanten c (Lichtgeschwindigkeit) und schon hat man eine (zeitunabhängige?) Entfernung. Wenn doch alles nur so einfach wäre wie die Physik.

Natürlich hängt alles mit allem zusammen, aber nicht so. Es liegt mir auch fern, Albert Einstein zu kritisieren, aber drei seiner Postulate sollten schon ernsthaft hinterfragt werden:

1. Schwere und träge Masse sind gleich
2. Es gibt keine größere Informationsgeschwindigkeit als die Lichtgeschwindigkeit
3. Kosmologie lässt sich nur sinnvoll betreiben, wenn die Naturgesetze immer und überall gleich sind

Für ein quasi-stationäres (oder ein von Gott einmal erschaffenes) Universum mögen diese Postulate sinnvoll erscheinen, aber das daraus resultierende Weltbild widerspricht in zu vielen Punkten aktuellen Messergebnissen, als dass es sich noch lange aufrechterhalten ließe.

Nach Darwin war die Physik vielleicht noch die letzte Bastion des klassischen Denkens und zu meiner Studienzeit sprach man immer noch von Physik als der Wissenschaft der toten Materie. Danach war klar, tote Materie hat keine Intelligenz und kann keine Intelligenz haben. Ich konnte mich mit dieser Vorstellung nie anfreunden, denn wo sollte die Grenze zwischen lebendig und tot sein und gibt es dafür eine klare Linie oder ist die Wahl willkürlich?

Inzwischen sind wir Menschen so selbstverliebt und stolz auf unsere eigenen Erfolge, dass wir uns nur noch über diese Erfolge definieren. Wir sind in einem Wettlauf mit einem Phantom, und infolge unserer Spiegelneuronen in einem Wettlauf mit unserem Spiegelbild und können dem erst entkommen, wenn wir erkennen, dass wir nicht und niemals gewinnen können. Wir könnten aber auch nicht verlieren, selbst wenn wir mal eine Pause einlegen und nachdenken oder meditieren würden.

Diese Selbstverliebtheit verleitet uns dazu, die Erde nach unseren Vorstellungen zu gestalten und wir verlieren dabei die Empathie für unsere Erde, für unsere Umwelt und die Natur. Wir sind von unseren geistigen Leistungen so begeistert, dass wir überzeugt davon sind, dass sich die Welt so verhalten muss, wie es die von uns ersonnene Mathematik oder Technik vorgibt.

Tatsächlich lernen wir aber nicht aus Erfolgen, im Gegenteil, Erfolge fördern nur die Arroganz, nicht die Intelligenz. Eine perfekte Welt zu fordern (s. Einstein) ist nicht intelligent, sondern monal (meine Umschreibung von einfältig). Intelligenz ist wohl nicht die Fähigkeit, eine perfekte Welt zu skizzieren, als viel mehr die Gabe, sich mit einer weniger perfekten Welt zu arrangieren.

Ob unsere *perfekte* Physik auch im Zentrum unserer Milchstraße oder gar in anderen Galaxien gilt, liegt außerhalb unseres Erkenntnisvermögens. Eine endliche Informationsgeschwindigkeit ist einerseits die Grundlage der Beobachtbarkeit, verhindert andererseits aber *primäre* Gleichzeitigkeit (die gleichzeitige Verwendung entfernter Ereignisse), ein wichtiges Element einer perfekten Theorie (einer perfekten Welt). Man kann überhaupt nur von Wechselwirkungen (Kräften) sprechen und in Theorien verwenden, wenn ein Mindestmaß dieser primären Gleichzeitigkeit gewährleistet ist.

Das Wesen der Welt

Das Wesen der Welt ist mehr als das, was wir beobachten können, so wie wir Menschen auch mehr sind als unsere äußere Hülle. Wenn wir versuchen, den Intelligenzbegriff von unserem menschlichen Denken abzukoppeln, können wir eine gewisse Intelligenz der Materie nicht ausschließen. Es heißt, der Intelligente lernt aus seinen eigenen Fehlern, der Weise aus den Fehlern anderer. Wir versuchen spielerisch zu lernen und andere zu imitieren. Was wir im Spiel lernen, hat meist keine fatalen Folgen und Imitation hilft, eigene Fehler zu minimieren.

Das Imitieren beschränkt sich aber nicht nur auf unsere Handlungen, sondern zieht sich weit in unser Denken, unsere Vorstellungen und unser Glauben hinein. Die Welt besteht nicht nur aus den realen Tatbeständen, die wir wahrnehmen und messen können, sondern hat auch ein Wesen, eine Virtualität, das einzig unserem Verständnis oder Ermessen geschuldet ist.

Ob wir der Welt Intelligenz zutrauen, liegt einzig in unserem Ermessen. Die Physik ging davon aus, dass Materie keine Intelligenz besitzt, tot ist, und einzig höheren Gesetzen folgt. Das erfordert letztlich eine äußere Instanz, die all dieses Wissen und die Macht in sich vereinigt, die Götter oder auch den einen Gott.

Wir haben gesehen, dass wir der Welt auch noch eine nicht wahrnehmbare Virtualität zuordnen können, die sich durch Zeitlosigkeit auszeichnet, wie z.B. Energie, Möglichkeiten oder das nicht wahrnehmbare Nichts, das durch eine unendliche Informationsgeschwindigkeit gekennzeichnet ist. Diese Virtualität könnte man als Hort der Energie, als Hort der Möglichkeiten oder sogar als Hort allen Wissens betrachten. Diese Virtualität wäre dann gewissermaßen allwissend, eine Eigenschaft, die wir gewöhnlich Gott zuschreiben.

In meiner Vorstellung besteht die Welt, das Universum, das Ganze aus einem realen wahrnehmbaren Kosmos und dieser nicht wahrnehmbaren Virtualität. Derart ließe sich dem Kosmos die Masse (T-MoM) zuordnen und der Virtualität die Energie. Beide, Masse und Energie, sollten irgendwie äquivalent sein und somit auch ineinander umwandelbar.

Das führt zu einem originellen Modell, bei dem sowohl Masse in Energie verwandelt werden kann als auch Energie in Masse. Wir wissen, dass bei der Kernfusion Masse in Energie verwandelt wird und können vermuten, dass das auch in sog. *Schwarzen Löchern* geschieht. Nachprüfen ließe sich das dadurch, dass der Ereignishorizont von Schwarzen Löchern nicht beliebig zunimmt.

Analog ließe sich dann die Umwandlung von Energie in Masse als *Weiße Quelle* bezeichnen. Das Produkt der Weißen Quellen könnten dann die Elemente der Gravitation sein, die sich aber unserem elektromagnetischen Auflösungsvermögen entziehen. Ein Hinweis darauf könnte eine Energieabstrahlung der Schwarzen Löcher sein.

Das wirklich Originelle an diesem Modell ist die Tatsache, dass sich diese Welt selbst recycelt und erneuert und dafür müssten wir ihr allerdings ein Minimum an Intelligenz zugestehen. Dann wäre der Kosmos ein selbstlernendes System, das nach und nach von den im virtuellen Universum vorhandenen Möglichkeiten Gebrauch macht.

Die Entwicklung oder das Alter eines selbstlernenden Systems lässt sich nicht vorhersagen und würde alle kosmologischen Theorien zunichte machen. Letztlich ist es für unser eigenes Leben egal, welcher Vorstellung man anhängt. Diese Abhandlung sollte nur zeigen, dass eine einzige Annahme, ob Materie Intelligenz hat oder nicht, zu dramatisch unterschiedlichen Vorstellungen der Welt und ihrem Wesen führt und man folglich bei der Wahl der Annahmen sehr vorsichtig sein sollte.

Epilog

Die Absicht bei dieser Abhandlung war es, zu verdeutlichen, welche Auswirkungen selbst minimale Änderungen einer Annahme bewirken können. Bei einer Intelligenz der Materie hatte ich keinen IQ von 140 im Sinn, sondern bezog mich nur auf die Erkenntnis, dass sich Evolution und Perfektion gegenseitig ausschließen. Dann darf es auch keine perfekte Dummheit geben, also auch keinen IQ von 0.

Wenn ich mit meinem Sohn, einem theoretischen Physiker, diskutiere, stelle ich immer wieder fest, dass er manche Aussagen von mir anders versteht, als ich sie meine. An diesem Punkt ist es sinnlos weiter zu diskutieren, man muss die Ursachen suchen. Dabei stelle ich immer wieder fest, dass unsere Definitionen nicht identisch sind.

Definitionen sind aber auch nur Annahmen, auf die man sich im gesellschaftlichen Kontext geeinigt hat, aber jeder Einzelne füllt diese Definitionen mit seinen eigenen Erfahrungen und eigenen Interpretationen. Diese Erfahrungen und Interpretationen sind Qualitäten, die sich nur näherungsweise miteinander vergleichen lassen und als Wesensmerkmale betrachtet werden können.

Ein kleines Beispiel mag das verdeutlichen. Betrachten wir zwei Entitäten A und B, die beide das gleiche Grundniveau 0 haben (Aus), aber unterschiedliche Anregungszustände a und b (An) besitzen. Eine Zustandsänderung wird dann durch die Aufnahme bzw. Abgabe einer jeweiligen Information a oder b bewirkt. Wie kann man sich nun eine Wechselwirkung vorstellen, wenn beispielsweise b etwas größer ist als a? Wenn A >a< sagt, reagiert B gar nicht, wenn A >aa< sagt, versteht B >b< und wundert sich höchstens, warum A so schreit. Das gleiche Gefühl hat aber auch A, wenn B >b< sagt, versteht allerdings nur >a<.

Missverständnisse sind somit vorprogrammiert, wenn A und B nicht identisch sind und wir wundern uns noch, dass uns andere nicht richtig verstehen. Missverständnisse sind unvermeidbar, ein Streit darüber wäre jedoch vermeidbar, wenn allen die Ursache dafür bewusst wäre. Vielfalt verhindert ein perfektes Verstehen, was aber eine Grundvoraussetzung für physikalische Wechselwirkungen ist, die pauschal mit der Floskel *Druck gleich Gegendruck* beschrieben wird.

Bei dieser Abhandlung trat aber noch eine andere Problematik zutage, die den Begriff der *Wechselwirkung* in einem ganz neuen Licht erscheinen lässt. Wahrnehmung oder Beobachtung existiert nur bei einer endlichen Informationsgeschwindigkeit, wobei die Größe der Informationsgeschwindigkeit zunächst überhaupt keine Rolle spielt, sie muss nur endlich sein.

Diese endliche Informationsgeschwindigkeit hat aber zur Folge, dass es keine *primäre* Gleichzeitigkeit gibt! Diese Aussage hat für unser tägliches Leben praktisch keine Bedeutung, weil unsere Sinneswahrnehmung vergleichsweise langsam ist und selbst Informationen vom anderen Ende der Erde nur im Bereich von Millisekunden verzögert sind.

Diese *gefühlte* Gleichzeitigkeit verschleiert daher nur die tatsächliche Problematik und der Begriff der Wechselwirkung muss völlig neu definiert werden. Wechselwirkungen werden in der Physik auch als Kräfte bezeichnet und es macht verhältnismäßig wenig Sinn, Kräfte einfach nur durch Felder zu ersetzen, um die mangelhafte Gleichzeitigkeit zu umschiffen. Auch Feldänderungen sind Informationen, die einer endlichen Informationsgeschwindigkeit unterliegen.

Egal, wie wir uns drehen und wenden, bleibt und das Problem der fehlenden Gleichzeitigkeit erhalten, weil sich Wahrnehmung und Gleichzeitigkeit gegenseitig ausschließen, genauso wie Evolution und Perfektion. Ich weiß nicht, ob diese beiden Ausschlussregeln eine gemeinsame Basis haben, aber Gleichzeitigkeit lässt sich durchaus als eine Form von Perfektion verstehen.

Daraus könnte man schließen, dass Wahrnehmung etwas mit Evolution zu tun haben müsste. Das ist allerdings eine philosophische Frage, die jeder für sich selbst beantworten muss. Eine Ähnlichkeit ist gegeben, aber wenn man diese berücksichtigen möchte, müssten einige tradierte Definitionen neu geschrieben werden.

Nicht umsonst habe ich dieser Abhandlung den Untertitel *Eine Frage der Definition* gegeben. Eine absolute primäre Gleichzeitigkeit existiert nur in der Zeitlosigkeit, im Nichts oder in der Virtualität. Realität und Virtualität sind komplementär, man kann sie nicht gleichzeitig anwenden, muss sie aber beide berücksichtigen.

Das ist das eigentliche Dilemma unserer Vorstellungen, wir sind immer wieder versucht, Realität mit Virtualität direkt zu verknüpfen und das ist zum Scheitern verurteilt. Unglücklicherweise wird heute speziell bei Computerspielen der Begriff der *virtual reality* verwendet und hat sich bei jungen Menschen so eingebürgert, dass darüber der sprachliche Unsinn dieser Wortschöpfung in den Hintergrund tritt.

Wir können uns zwar die Gleichzeitigkeit virtuell vorstellen, dann offenbart uns diese Vorstellung zwar alle Möglichkeiten, aber nicht die eine Realität. Wenn wir dann eine Möglichkeit als Realität festlegen, ist das eine Annahme und keine wissenschaftliche Erkenntnis. Wenn diese Annahme gut genug ist, um uns bei unseren täglichen Aufgaben zu helfen, dann ist das weder richtig noch falsch, sondern einfach nur gut genug oder vorteilhaft.

In unserem Sprachgebrauch repräsentiert Gleichzeitigkeit das, was wir Menschen als gleichzeitig empfinden. Dagegen gibt es überhaupt nichts einzuwenden, uns muss nur bewusst sein, dass es sich dabei um eine Näherung handelt, so wie im Prinzip bei unserem gesamten Wissen. Intuitiv ist uns das sehr wohl bewusst

Wenn wir bei einem Spaziergang etwas in der Entfernung entdecken, sagen wir uns selbst: *Sieht aus wie...* Wenn wir dann näherkommen, überprüfen wir unsere Annahme mit offenem Ergebnis. Wir sind vorsichtig bei unserer ersten Vermutung und das hat sich in unserer Entwicklung ausgezahlt. Erfolgreiche Menschen behalten immer einen Restzweifel, auch wenn sich das Umfeld meist nach einer Antwort sehnt.

Als junger Ingenieur musste ich einen Kollegen als Abteilungsleiter in Saudi-Arabien ersetzen und deshalb stellt er mich den für uns wichtigsten Mitarbeitern bei unserem Kunden, der Erdölfirma ARAMCO vor. Unsere Abteilung machte unter anderem Messungen in produzierenden Erdölbohrungen, um den Öl-Wasser Kontakt, der sich bei der Produktion verändert, zu ermitteln. Bei dieser Gelegenheit zeigte uns ein Manager von ARAMCO mit einem Lächeln eine Messung, bei der die Verhältnisse recht unklar waren.

Mein Kollege betrachtete eine Weile die Messung und deutete dann auf einen Punkt. Der Manager sah wohl meinen fragenden Blick und unterließ ein weiteres Nachfragen. Als wir wieder draußen waren, fragte ich meinen Kollegen, wie er zu dieser Einschätzung gekommen ist. Er antwortete nur: *"Der Kunde wollte eine Antwort und ich habe sie ihm gegeben."*

Bei meinem nächsten Besuch bei ARAMCO wurde mir die ganze Problematik mit einer Mehrfach-Fraktur der Formation erklärt, deren Ausmaß naturgemäß der Geheimhaltung unterliegt, schließlich sind die Erdölressourcen das Kapital einer Erdölfirma. Ich gewann sein Vertrauen durch meine Zweifel und Zurückhaltung und er offenbarte mir, dass er die Frage überhaupt nur aus Spaß gestellt hatte, um seine Einschätzung von meinem Kollegen zu rechtfertigen und um mich zu testen. Mein Kollege hatte schon lange den Ruf eines etwas unbedarften Geschichtenerzählers.

Es hat natürlich einen Grund, dass ich diese Geschichte hier erwähne. Die menschliche Gemeinschaft beruht auf Geschichten, an die wir glauben. Viele Geschichten sind zwar eingängig, aber ihre Lebensdauer ist vergleichsweise kurz. Geschichten sterben dann, wenn eindeutige Fakten vorliegen, die dieser Geschichte widersprechen. Wenn es keine widersprüchlichen Fakten gibt oder geben kann, wird eine Annahme oder Vorstellung langsam zu einem Glauben und letztlich zu einer Überzeugung.

Eine Überzeugung kann aber immer noch Restzweifel beherbergen, entspricht in etwa einem 99,9%. Eigentlich wäre das wunderbar, wenn es nicht immer wieder Phantasten und Perfektionisten geben würde, denen 99,9% nicht genug sind. Diese fordern 100%, ausnahmslos, und damit wird eine Überzeugung zu einem Dogma. Was einmal als einfache Annahme begann, endet plötzlich als unverrückbares Dogma.

Bei einem Dogma, das nicht beweisbar ist, muss nur sichergestellt sein, dass ein Gegenbeweis oder eine Falsifizierung auch nicht möglich ist. Beispiele dafür sind ein virtueller Gott oder auch der heutige Zustand ferner Galaxien. Für beides gibt es viele Möglichkeiten, nur ist es uns grundsätzlich verwehrt, daraus eine Realität abzuleiten.

In jeder Vorstellung unseres Universums ist irgendwo ein Gott verborgen, egal wie richtig oder falsch diese Vorstellung ist. Wir können Gott niemals ausschließen, weil wir vieles nicht wissen können, egal wie weit wir mit unseren Erkenntnissen vordringen. Das ist das Geheimnis des Agnostizismus, der von T.H. Huxley, einem Weggefährten Darwins zur Reife gebracht wurde. Die wichtigste Erkenntnis des Agnostizismus lässt sich in einem Satz formulieren:

Wir wissen nicht, was wir nicht wissen!

In unserer Gesellschaft ist es üblich geworden, Erwartungen zu erfüllen, auch wenn dafür keine Voraussetzungen gegeben sind und eigentlich keinerlei Veranlassung vorliegt. Der Agnostizismus hat sich im Schlepptau der Evolutionslehre entwickelt, die zumindest die Erkenntnis gebracht hat, dass der Mensch nicht von Gott, sondern vom Affen abstammt.

Als Superaffen sollte es uns doch eigentlich leichter fallen, zuzugeben, dass wir etwas nicht wissen, denn für unsere Intelligenz können wir uns auch nicht auf Gott berufen und selbst dann wäre ein IQ von 140 lächerlich klein. Was verleiht uns Menschen den Größenwahn, den wir so oft zur Schau stellen?

Auf diese Frage habe ich leider keine Antwort. Warum werden Menschen bewundert, die in ihrem Leben nichts getan haben, außer sinnlose Reden zu halten und nicht die, die Probleme ernsthaft analysieren und anderen mit Rat und Tat zur Seite stehen? Dabei kann man Fehler machen, dabei muss man Fehler machen, denn nur aus diesen Fehlern kann man nachhaltig lernen, auch wenn der Fehler der eigenen Unzulänglichkeit zugeschrieben werden muss. Dann muss man eben mehr üben.

Warum kann man nicht sagen: Ich glaube an einen Gott, aber ich weiß nicht, welchen oder wie ich ihn beschreiben kann? Wem tritt man mit dieser Aussage auf die Füße? Warum kann man nicht sagen: Das Alter unseres Universums ist unbestimmt bzw. nicht bestimmbar, weil keine Gleichzeitigkeit wahrnehmbar ist! Mein alter Professor pflegte zu sagen: Es gibt keine dummen Fragen, nur dumme Antworten.

Was ist falsch an der Antwort: Das weiß ich nicht. Wir werden, auch in einem Unternehmen, nicht für Allwissenheit bezahlt und auch nicht für eine Prozentzahl davon. Gewöhnlich werden wir dafür bezahlt, dass wir Probleme analysieren können und Lösungsvorschläge einbringen, aber auch darauf hinweisen, wenn etwas nicht möglich ist.

Das ist nicht negativ, Im Gegenteil hat gerade das sogenannte positive Denken mehr Schaden angerichtet. Man sollte Agnostizismus nicht mit Pessimismus verwechseln und Optimismus nicht mit Naivität. Wenn Politiker Floskeln wie >*we can*< oder >*wir schaffen das*< verwenden, ist das nicht wirklich ernst gemeint und man sollte vielleicht solche Menschen wegen mangelnder Ernsthaftigkeit nicht wählen, aber seit Urzeiten versuchen Menschen Erwartungen und Hoffnungen zu wecken, die gar nicht erfüllt werden können.

Mit der Naivität und Unwissenheit der anderen zu spielen. hat sich als Erfolgsrezept erwiesen, denn jede Gegenargumentation ist bereits so aufwendig, dass sie gar nicht mehr verstanden wird. Wenn man einem pauschalen >we can< oder >wir schaffen das< entgegentreten möchte, geht das nicht mit einer pauschalen Ablehnung, das wäre albern. Wenn man aber auf spezielle Probleme eingeht, geht das allgemeine Interesse verloren.

Betrachtet man unser Universum oder unseren Kosmos, betrachtet man den größtmöglichen, den ultimativen Zeitraum. Wenn man für diesen Zeitraum Vorhersagen machen möchte, benötigt man folglich Regeln bzw. Naturgesetze mit der größtmöglichen, der ultimativen Präzision, und das ist Perfektion. Genau diese Perfektion würde aber uns selbst und unsere Betrachtung ausschließen.

Die Annahme von ewigen und unveränderlichen Naturgesetzen als Voraussetzung einer sinnvollen Kosmologie ist daher schlichtweg unzutreffend. Selbst wenn man bestimmen könnte, wie sich die Naturgesetze ändern, wäre das auch eine Form von Perfektion. Wenn man aber diese Perfektion ausschließt, dann wird man auch eine Erklärung für die erratische Hubblesche Rotverschiebung finden, ohne eine Expansion und Hyperinflation unseres Universums, der Welt.

Es hat lange gedauert, bis mir selbst klar wurde, dass Einsteins Forderung von unveränderlichen Naturgesetzen, die eine höhere, eine göttliche Intelligenz implizieren, gleichbedeutend ist mit einer Ablehnung der Intelligenz von Materie und zurückzuführen ist auf eine tradierte Trennung von Geist und Materie.

Nur wenn man Geist und Materie als Einheit betrachtet, als Einheit von zwei Komplementaritäten, die sich gegenseitig ergänzen, aber nicht **gleichzeitig** verwendet werden dürfen, bekommt das Ganze, die Einheit von Geist und Materie, Gestalt. Es ist spannend, dass der Begriff der Komplementarität zuerst von William James in Zusammenhang mit Schizophrenie geprägt wurde und man bedenkt, dass Schizophrenie als Krankheit betrachtet wurde.

Ich habe in dieser Abhandlung versucht zu zeigen, dass wir zum Verständnis unserer Welt ein gesundes Maß an Schizophrenie benötigen (die Dosis ist das Gift). Wir müssen die Einheit von Geist und Materie, von Welle und Teilchen oder von Virtualität und Realität erkennen und verstehen, dass sie jeweils komplementär sind. Sie ergänzen sich und müssen beide berücksichtigt werden, aber nicht **gleichzeitig**.

Der Begriff der Gleichzeitigkeit ist deshalb so verwirrend, weil er in der Virtualität erlaubt ist (sowohl...als auch), nicht jedoch in der Realität (entweder...oder). Aus diesem Grund lässt sich die Virtualität nicht als Ganzes, sondern nur Schritt für Schritt auf die Realität übertragen. Wenn man das berücksichtigt, ist man *gesund schizophren.*

Vielleicht hat sich der Monotheismus entwickelt, um eine krankhafte Schizophrenie zu unterbinden und hat dabei aus Unkenntnis auch gleich die gesunde und notwendige Schizophrenie als Kollateralschaden mit beseitigt.

Die vorliegende Abhandlung ***Intelligenz der Materie*** ist keine neue Theorie oder eine Veränderung einer bestehenden Theorie, nein, sie verändert den Standpunkt, oder besser den Ausgangspunkt. sie verändert die Sichtweise auf die Welt.

Herkömmliche Religionen und auch die Physik blicken von einer höheren Warte auf die Welt (top-down), auf eine Welt, die von einer göttlichen Allmacht oder ehernen Naturgesetzen bestimmt wird. Aufgabe des Menschen in dieser Welt ist es, diese Allmacht zu erkennen und die Naturgesetze zu erforschen.

Diese Abhandlung versucht den umgekehrten Weg zu skizzieren (bottom-up), wie sich eine Welt selbst entwickeln und recyceln kann, Evolution und Recycling. Dafür ist nur eine zufällige minimale Anfangsintelligenz erforderlich und ein Gott, der aus virtueller Energie oder aus virtuellen Möglichkeiten minimale reale Informationen entstehen lassen kann.

Diese Informationen müssen eine minimale Trägheit oder Masse (T-MoM) besitzen, um eine Wirkung erzeugen zu können und überhaupt als Information eingestuft zu werden. Allein aus den physikalischen Größenverhältnissen von Gravitation und Elektromagnetismus (EM) kann man erkennen, dass beide in unterschiedlichen Ligen spielen.

Die Zuordnung von Gravitation und EM zu unterschiedlichen Evolutionsformen, der Gravitation zu einer kosmischen Evolution und des EM zu einer physikalischen Evolution, trägt dieser Vorstellung Rechnung. Die zuvor genannten Basisinformationen (T-MoM) kann man als Entitäten der Gravitation betrachten und ein Blick auf die zuvor erwähnten Größenordnungen, die sich um mehr als 30 Zehnerpotenzen unterscheiden, macht sofort deutlich, dass die Entitäten der Gravitation <u>niemals</u> elektromagnetisch aufgelöst werden können.

Die Gravitation entzieht sich auch insofern physikalischen Simulationen, weil wir (bisher) Gravitation weder abschirmen noch kreieren können. Wir wissen jedoch dank Einsteins allgemeiner Relativitätstheorie ziemlich gut, wie die Gravitation den EM beeinflusst. Das darf aber nicht mit Experimenten verwechselt werden, in denen sich die Gravitation variieren lässt.

Wir können daher nicht wissen, ob und wie lokal Gravitationsformen sind und ob die Zustände in allen Galaxien gleich sind. Wenn sich die Äquivalenz von virtueller Energie und realer Masse bestätigt, also Masse in Energie verwandelt werden kann (Kernfusion, schwarze Löcher) und umgekehrt Energie auch in Masse (weiße Quellen?), dann kann die Masse des Kosmos und einzelner Galaxien variieren.

Damit muss Newtons Gravitationsgesetz gar nicht in Frage gestellt werden und auch die anderen Naturgesetze nicht. Man muss aber die Komplementarität von Energie und Masse, von Virtualität und Realität berücksichtigen. Wenn Masse aus Energie entsteht und diese Masse wiederum zu Energie recycelt werden kann, entsteht ein Kreislauf, bei dem die Intelligenz der Materie zunehmen könnte und ein Anfang oder Ende nicht erkennbar wären.

Dieser Kreislauf hätte einen eindeutig evolutionären Charakter, der auch uns Menschen erklären und einbeziehen kann. Eine extrem langsame kosmische Evolution bringt eine schnellere physikalische Evolution hervor, die wiederum die Grundlage einer biologischen Evolution bildet, aus der sich dann unsere Kultur entwickeln konnte.

Ob und wie man die einzelnen Evolutionsformen definiert oder unterteilt, sind dann Details, die dem Gesamtverständnis eher schaden als nutzen. Detailwissen ist gut und wichtig, darf aber nicht das Gesamtbild vernebeln.

Wenn man Intelligenz ganz allgemein als Verwendung oder Verwertung von Informationen definiert, dann muss man natürlich auch den Begriff *Information* neu definieren und nicht Begrifflichkeiten verwenden, die in einer elaborierten Informationstheorie entwickelt wurden. Bei einem evolutionären Universum müssen die Anfänge ganz einfach sein, so einfach, wie irgendwie möglich.

Wenn man kosmische und physikalische Evolution trennt, Kosmos und Physik trennt, dann ist die Gravitation Teil des Kosmos und der Elektromagnetismus Teil der Physik. Dann ist aber auch das Plancksche Wirkungsquantum **h** eine physikalische Konstante.

Wenn man dieses Konzept auf den Kosmos übertragen möchte, muss man Quanten der Gravitation annehmen oder einfordern. Das ist nur eine Fortführung der alten griechischen Atomtheorie in noch kleinere Bereiche. Ein Gravitationsquant könnte man **g** nennen und entspräche den von mir bereits genannten ***gravis***.

Gravis **g** sind dann die bereits erwähnten Urinformationen, die die kleinstmögliche Trägheit (T-MoM) aufweisen. Ob es diese Urinformationen **g** tatsächlich gibt, wird uns wohl messtechnisch verborgen bleiben, solange uns nur elektromagnetische Messmethoden zur Verfügung stehen. Zwischen EM und Gravitation besteht ein Größenunterschied von über 30 Zehnerpotenzen (10^{30}).

Diese Urinformationen **g** sind gleichzeitig die Ursache für Zeit, Raum, Wirkung und unsere Wahrnehmung, aber auch für all das, was wir heute als Informationstheorie bezeichnen, nur dass wir uns dort auf elektromagnetische Informationen konzentrieren.

Allein der Umstand oder die Vorstellung, dass es den Elektromagnetismus nicht immer und überall gegeben haben muss, verändert unser Bild der Welt. In meinem Buch *Die recycelte Zeit* habe ich bereits angedeutet, dass schwarze Löcher sogar die Fähigkeit haben könnten, neben Materie auch deren Folgeprodukte wie EM und Zeit zu verschlingen. Wenn aber Materie (T-MoM) zusammen mit Zeit und EM in virtuelle Energie umgewandelt werden können, dann gibt es tatsächlich keinen *Anfang der Zeit*, sondern nur einen jeweiligen Neustart..

Diese Vorstellung erklärt die Galaxiencluster, die unterschiedlichen Größen und Formen von Galaxien und die dadurch bedingten unterschiedlichen Entstehungsgeschichten des EM. Letztlich ist auch die tradierte Vorstellung, dass der EM ein unabänderlicher Teil der Welt ist, eine Annahme (eine Definition), die nicht beweisbar ist und bei genauerem Hinsehen sogar völlig unlogisch erscheint, wobei der Begriff Logik in diesem Zusammenhang überzogen ist.

Physik ist eine Wissenschaft, die unsere Beobachtung widerspiegelt und diese Beobachtung basiert auf unseren Sinnesorganen, von denen das Sehzentrum einen ganz besonderen Stellenwert besitzt. Die Vorrangstellung des Sehens ist überhaupt nur möglich, weil es den EM und Licht gibt und daraus resultiert dann natürlich die einfache und vereinfachende Annahme, dass es eine Welt ohne EM nicht gibt.

Einsteins allgemeine Relativitätstheorie (ART), deren Vorhersagen wunderbar bestätigt sind, verschärft noch diese Fehleinschätzung. Man darf aber nicht vergessen, dass die ART nur den Einfluss der Gravitation auf den EM beschreibt und keinerlei Aussagen über die Gravitation selbst macht. Das ist auch wissenschaftlich völlig legitim, solange man nur den real existierenden Kosmos betrachtet, das Sein des Kosmos.

Man muss sich dann aber bewusst sein, dass diese ART für ein Werden des Kosmos oder eine Beschreibung dieses Werdens völlig ungeeignet ist. Das ist kein Fehler der ART, sondern ein Fehler bei ihrer Interpretation, die von unveränderlichen Naturgesetzen ausgeht. Die Trennung von Kosmos und Physik hat zur Folge, dass der Kosmos der Physik übergeordnet ist und man daher kosmische Veränderungen nicht mit physikalischen Messungen erklären kann und darf.

Die eigentliche Aufgabe der Kosmologie wäre dann die Bereitstellung einer Theorie, die die Abhängigkeit der Physik von der Gravitation beschreibt. Eine spannende Frage der Kosmologie ist dann, wie sich die Gravitation im Kosmos verändert hat, ob es z.B. neben periodischen Schwankungen auch eine längerfristige Zunahme gegeben hat. Solche Theorien sind natürlich hochgradig spekulativ, aber auch nicht schlimmer als die Annahme von unveränderlichen Naturgesetzen.

Voraussetzung dafür ist allerdings die Bereitschaft, Annahmen und Definitionen zu überdenken und dabei die neuen Definitionen so allgemein wie möglich zu halten und wenn man Spezialisierungen einführt, diese zu benennen. Als Beispiel kann dafür die Definition von Leben dienen. Man kann die tradierte Definition von Leben durchaus beibehalten, muss dann aber Leben mit dem Zusatz *biologisch* versehen, auch wenn die meisten Menschen unter Leben *biologisches Leben* verstehen.

Wenn man zwischen lebendig und tot unterscheidet, muss man sich bewusst sein, dass diese Unterscheidung willkürlich ist. Es kann viele gute Gründe für diese willkürliche Wahl geben, aber auch einige, die für eine andere Wahl sprechen. Durch eine Definition wird diese willkürliche Wahl metasprachlich zementiert, aber nicht die Willkür beseitigt. Definitionen verleiten uns dazu, die Willkür zu übersehen und wieder bestätigt sich Paracelsus: *Die Dosis ist das Gift.* Die Vorteile einer Definition werden bei einer zu krassen Auslegung zunichte gemacht.

In der Wissenschaft mit all ihren Spezialisierungen ist es üblich, dass bestimmte Begriffe in unterschiedlichen Disziplinen unterschiedlich angewendet werden. Das kann insbesondere bei interdisziplinären Betrachtungen schwerwiegende Folgen haben, wenn man die disziplinspezifischen Definitionen oder Spezifikationen nicht berücksichtigt. Leider ist das nicht auszuschließen, weil oft die Verwendung des Begriffs in anderen Disziplinen unbekannt ist, gerne Begriffe verwendet werden, die einen gewissen Bekanntheitsgrad haben und zusätzliche Attribute die Begriffe schwerfälliger erscheinen lassen.

Auf dem Grabstein von T.H. Huxley befindet sich die Inschrift:

Try to learn something about everything
and everything about something.

Wir folgen dieser Maßgabe meist auch in dieser Reihenfolge, tauchen dann aber oft so tief in unser Spezialgebiet ein, dass wir dabei den Allgemeinblick vernachlässigen.

Ich habe in dieser Abhandlung versucht, diesen Weg wieder zurück zu gehen, die erworbenen Spezialkenntnisse wieder in einen übergeordneten Rahmen zu transponieren und eben dabei festgestellt, dass dabei viele Definitionen eher hinderlich als förderlich waren. Vielleicht war ich beseelt von dem Gedanken, dass ich selbst ein Kind des Universums bin und nicht in einem expandierenden Universum zuhause sein möchte, das zudem keine Intelligenz besitzen soll.

Es stört mich nicht, dass unsere Erde nur ein Staubkorn im Universum ist, solange dieses Universum die Möglichkeiten unterstützt, die angebotenen Optionen wahrzunehmen. Ich bevorzuge auch einen Gott, der mich mit einem Gehirn ausgestattet hat, um es zu benutzen, einen Gott, der zwar allwissend ist, aber es dennoch dem Kosmos überlässt, seinen eigenen Weg zu finden.

Ich bevorzuge einen virtuellen allwissenden Gott, der sein Wissen verfügbar macht, aber dabei dem Kosmos und all seinen Strukturen und Entitäten die Freiheit lässt, selbst zu lernen. Dieser Gott ist nicht allmächtig, aber für alles verantwortlich und hat dafür einen Prozess entwickelt, der sich automatisch selbst begrenzt und niemals aus dem Ruder laufen kann. Dieser Prozess heißt Evolution und wir Menschen haben inzwischen die Fähigkeit erworben, diesen Prozess zu verstehen. Ob wir dieses Verständnis sinnvoll verwenden, bleibt uns selbst überlassen. Mehr dürfen wir von diesem Gott nicht erwarten.

Nach traditionellen Vorstellungen ist Gott allmächtig und allwissend, obwohl wir gelernt haben, dass sich Allmacht und Allwissenheit gegenseitig ausschließen, dass Allmacht und Allwissenheit komplementär sind. Der Begriff der Komplementarität wurde erst zum Ende des 19. Jahrhunderts von dem amerikanischen Psychologen und Wissenschaftler William James in Zusammenhang mit Schizophrenie geprägt.

Niels Bohr verwendete den Begriff einige Zeit später zur Erklärung des Welle-Teilchen-Dualismus des Lichts und machte ihn damit wissenschaftlich hoffähig. Mich beeindruckte Bohrs spätere Einschätzung, dass Komplementarität wahrscheinlich eine viel umfassendere Bedeutung haben muss und möchte deshalb dieses Komplementaritätsprinzip noch einmal hervorheben.

Anhang: Komplementarität

Der Begriff der Komplementarität wurde zunächst für Schizophrenie geprägt und in der Physik zum ersten Mal für die Erklärung des Welle-Teilchen-Dualismus verwendet. Carl Friedrich von Weizsäcker beschrieb Komplementarität in der Wissenschaft später so: "*Die Komplementarität besteht darin, dass sie nicht beide (gleichzeitig) benutzt werden können, gleichwohl beide benutzt werden müssen.*"

Das in Klammern gesetzte *gleichzeitig* habe ich hinzugefügt, da dieses *gleichzeitig* auch für die Unterscheidung von Virtualität und Realität verantwortlich ist und man somit auch ganz allgemein von einer Komplementarität von Virtualität und Realität sprechen kann.

Beim Welle-Teilchen-Dualismus repräsentiert die Welle eine virtuelle Zustandsänderung und das Teilchen reale Materie oder Masse. Die häufig verwendete Analogie dieser Welle mit einer Wasserwelle halte ich für wenig zielführend, weil eine Wasserwelle sehr deutlich sichtbar ist und einen realen Charakter aufweist.

Diese Feststellung ist enorm wichtig, denn sie charakterisiert sehr deutlich unser Vorstellungs- und Abstraktionsvermögen. Unser Abstraktionsvermögen beruht eher auf dem Versuch, etwas schwer Vorstellbares durch etwas leichter Vorstellbares zu ersetzen und dabei helfen uns unsere Erfahrungen.

Ein schönes Beispiel dafür ist das Bohrsche Atommodell, bei dem die unterschiedlichen Elektronen wie Planeten um ein Zentralgestirn, den Atomkern, angeordnet sind. Diese Vorstellung hat tatsächlich nichts mit der Wirklichkeit zu tun, ist aber extrem hilfreich, um bestimmte Vorgänge besser verstehen zu können. Wir halten an diesem Modell vor allem deshalb fest, weil uns die *wirkliche* Wirklichkeit unzugänglich ist.

Unzugänglich heißt in diesem Fall, dass unser Auflösungsvermögen nicht ausreicht, weder das räumliche noch das zeitliche Auflösungsvermögen. Ein einfaches Beispiel für zeitliches Auflösungsvermögen sind Filme. Wenn die Bildfrequenz 21 oder 22 Bilder pro Sekunde übersteigt, können wir die einzelnen Bilder nicht mehr auflösen und sehen sie als Film.

Wenn wir die Eigenschaften oder das Verhalten von Entitäten nicht mehr unterscheiden können, ist es nur legitim, diese als gleich zu betrachten. Physikalisch werden ununterscheidbare Teilchen als Bosonen bezeichnet, wenn sie sich in mindestens einer Eigenschaft (Quantenzahl) unterscheiden, als Fermionen. Auch hier wird deutlich, dass die Ununterscheidbarkeit keine Eigenschaft des Teilchens selbst sein muss, sondern auch dem Auflösungsvermögen des Betrachters geschuldet sein kann.

Diese zweite Betrachtungsweise charakterisiert den Agnostizismus. Wir wissen nicht, ob die Entitäten tatsächlich nicht unterscheidbar sind, aber solange wir das nicht feststellen können, behandeln wir sie der Einfachheit wegen als gleich. Eine andere Verfahrensweise wäre sinnlos und unangemessen, da man nur unterscheiden kann, wenn unterschiedliche Merkmale nachweisbar sind.

An sich ist das eine Tautologie, aber wir Menschen haben den Hang zur Einfachheit, indem wir nur das anerkennen wollen, was wir auch erkennen können. Das hängt ursächlich auch mit unserem Abstraktions- und Vorstellungsvermögen zusammen. Als Kinder stellen wir uns Gott gerne als alten Mann mit Bart vor oder später als helles weißes Licht der Erleuchtung, egal was, aber immer verbinden wir mit einem Begriff irgendeine persönliche Vorstellung, die sich aus unseren eigenen Erfahrungen rekrutiert.

Wenn man die beiden Aspekte von Vorstellungsvermögen und Auflösungsvermögen miteinander verknüpft, kann man sehr wohl eine interessante Grenze zwischen Virtualität und Realität erkennen, denn alles, was jenseits unseres Auflösungsvermögens ist, was wir nicht wahrnehmen oder rekonstruieren können, können wir der Virtualität zuordnen. Wir wissen oder ahnen, dass da etwas ist oder sein muss, wir können es aber nicht real fassen.

Dieser Gesichtspunkt ist von entscheidender Bedeutung und unterscheidet mein Bild der Welt von tradierten Vorstellungen. Virtualität ist kein rein theoretisches Konstrukt, sondern umfasst alles jenseits des Auflösungsvermögens. Dieses Auflösungsvermögen hat sich in den letzten Jahrhunderten dramatisch verbessert, sowohl im Kleinen wie im Großen, aber immer ist etwas jenseits dieses Auflösungsvermögens geblieben.

Unser physikalisches Auflösungsvermögen ist durch den Elektromagnetismus (EM) vorgegeben. Alle präzisen mir bekannten Messungen im Kosmos als auch auf der Erde basieren in irgendeiner Form auf EM. Egal ob wir Röntgenstrahlen, Licht oder Radiowellen etc. verwenden, handelt es sich immer um EM-basierte Techniken. Wo sich genau die Grenzen der Physik befinden, lässt sich physikalisch nicht ermitteln, Physik ist kein Münchhausen, der sich am eigenen Schopf aus dem Wasser ziehen kann.

Aber genau so verfahren Physiker. Sie glauben zwar auch nicht, dass sich die Physik selbst erschaffen kann, bemühen dann dafür aber unveränderliche Naturgesetze und letztlich einen lieben Gott, der für diese Gesetze verantwortlich ist. Solange die physikalischen Gesetze in sich stimmig sind, lassen sich Änderungen auch nicht mit physikalischen Verfahren nachweisen.

Der fundamentale Fehler der Physik besteht darin, die Gravitation als physikalische Eigenschaft zu behandeln, obwohl die Gravitation über 30 Zehnerpotenzen (> 10^{30}) kleiner ist als der EM, also in einer völlig anderen Liga spielt. Verständlich wird das nur dadurch, dass man die wahrnehmbaren Sekundäreffekte der Gravitation, die Anziehung riesiger Massen, mit den Primäreffekten verwechselt, die weit jenseits eines elektromagnetischen Auflösungsvermögens angesiedelt sind.

Das ist kein Kavaliersdelikt oder eine vernachlässigbare Vereinfachung, nein, das ist ein gravierender Fehler, der zu einer völlig falschen Vorstellung führt. Ich habe bisher noch keine Veröffentlichung gelesen, die diesen Fehler deutlich macht und insofern scheine ich ein Einzelkämpfer zu sein, der gegen die versammelte Ritterschaft der Peers anzutreten wagt.

Das Merkmal der Physik, so wie ich sie gelernt und verstanden habe, beruht auf Wechselwirkungen und deren Auswirkungen auf das Umfeld. Dabei beschreibt eine Wechselwirkung die wechselseitigen Beeinflussungen. Man verändert mal die eine Variable und misst die Veränderungen der anderen und vice versa und genau dieses vice versa ist bei der Gravitation unmöglich. Wir können wohl den Einfluss der Gravitation auf den EM bestimmen (Einsteins ART), aber nicht umgekehrt. Wir können nicht einmal die Gravitation physikalisch verändern!

Gravitation folgt dem Newtonschen Gravitationsgesetz, das sich für riesige Massen bestätigen lässt, aber eine ***primäre*** Gravitation lässt sich elektromagnetisch nicht auflösen, ist somit für uns virtuell. Diese virtuelle Gravitation lässt sich folglich nicht so ohne weiteres mit der realen Physik verknüpfen! Gravitation und Physik sind **komplementär**. Mit anderen Worten heißt das, dass Gravitation und Physik unterschiedliche Ursachen haben, in unterschiedlichen Ligen spielen.

Die Gravitation lässt sich als Grundmuster vorstellen, auf dem die Physik aufbaut. Wenn sich die Gravitation ändert, ändert sich auch die Physik. Ob sich auch die Gravitation ändert, wenn sich die Physik ändert, lässt sich physikalisch nicht nachweisen und andere Nachweismethoden stehen uns derzeit nicht zur Verfügung. Mit dieser Vorstellung lässt sich die sog. Hubblesche Rotverschiebung ganz anders interpretieren als mit einem expandierenden Universum.

Ein Grund dafür ist die Tatsache, dass wir Gravitation nur als Sekundäreffekt wahrnehmen. Das gleiche gilt aber auch für die Wahrnehmung weit entfernter Sterne! Die Reichweite des EM oder gar der Kernkraft kann diese Sichtweite nicht erklären. Zudem bekommt man auch mit dem Begriff der Wechselwirkung Probleme, denn der verliert bei Millionen von Jahren seine Berechtigung.

Eine andere, nicht weniger wichtige Folge der Komplementarität ist die gegenseitige Ergänzung, die Tatsache, dass Komplementaritäten irgendwie zusammengehören. Das wird besonders interessant bei Paarungen wie Körper und Geist, Geist und Materie oder Intelligenz und Materie. Wenn man Intelligenz und Materie als komplementär erachtet, dann ist tatsächlich Intelligenz ein komplementärer Partner der Materie.

Dafür habe ich eine Vorstellung der primären Gravitation gewählt, die die Basiselemente der Gravitation als *träge* Informationen beschreibt. Das hat zwei wesentliche Folgen, die den Kern einer Information ausmachen. Zum einen muss eine Information einen Inhalt haben (Trägheit) und zum anderen sollte dieser Inhalt weitergegeben werden und erklärt so eine (virtuelle) gegenseitige Affinität der Informationen.

Komplementarität scheint somit eine fundamentale Eigenschaft des Kosmos zu sein und (komplementäre) Gravitation verantwortlich für Wahrnehmung, Zeit und Raum und intelligente Materie. Die einfachste Form der Intelligenz beruht bereits auf der Fähigkeit, Informationen zu empfangen, denn schon dadurch verändert sich der Rezipient.

Diese Intelligenz ist ursprünglich und weit entfernt von den von Geisteswissenschaftlern definierten Intelligenzformen, die sich inzwischen auf mindestens acht verschiedene Arten belaufen.

Diese Komplementarität und Intelligenz sind das Herz der Evolution, die sich auf Grund ihrer intrinsischen Intelligenz selbst weiterentwickeln kann und auf keine weitere *äußere* Intelligenz angewiesen ist. Das ist das Gerüst eines evolutionären Kosmos und eines allgemeinen Evolutionsprinzips, wie zuvor vorgestellt.

Diese evolutionäre Welt ist kein Gegenentwurf zu Gott, ganz im Gegenteil ist ein Gott immer unverzichtbar, denn alles, was sich jenseits unseres Auflösungsvermögens befindet, ist für uns virtuell und im reinen Spekulationsbereich, Ein evolutionäres Universum, das sich teilweise sogar selbst recyceln und erneuern kann, würde uns aller Spekulationen ob seines Alters entbinden.

In einem komplementären evolutionären System gibt es keine *eine und einzige* Wahrheit und keine Weltformel. Ein komplementäres System begrenzt sich immer selbst, entwickelt sich in Schüben mit entsprechenden Rückfällen und erschafft seine eigenen materiellen Informationsspeicher, seine eigene Intelligenz auf der Suche nach neuen Qualitäten. Genug Quantität ist überlebensnotwendig, mehr Qualität ist gut gegen Langeweile

Wenn die Welt ein lebendiges Wesen ist, dann möchte sie sich auch fortbilden, sich immer wieder neue Ziele setzen und nicht in der Eintönigkeit verenden, genauso wie wir selbst. Schließlich sind wir auch Geschöpfe der Evolution und warum sollten wir andere Vorlieben haben als unsere Erde oder unsere Welt?

Auch wenn das kein physikalisches oder kosmologisches Argument ist, ist mir dennoch eine Welt, die so ähnlich tickt, wie ich selbst, weitaus lieber als ein langweiliges Universum, das mit einem großen Bumms entsteht und sich dann einfach in der Unendlichkeit auflöst.

Jede Mutation, egal ob kosmisch, physikalisch, biologisch oder kulturell, ist weitaus spannender als jede noch so komplizierte Theorie, die trotzdem nur die Monalität des Theoretikers widerspiegelt und schon in sich selbst tot ist.

Die Frage nach einer Intelligenz von Materie stellt sich erst, wenn man der Intelligenz keinen speziellen Platz, kein spezielles Organ zuordnet. Das widerspricht zwar den tradierten philosophischen Ansichten, eröffnet aber ganz neue Aspekte und einen anderen Blick auf die Welt. Wenn Intelligenz bereits eine intrinsische Eigenschaft der Materie ist, dann wird ihr Wunsch verständlich, diese Intelligenz weiterzuentwickeln.

Intelligenz zeichnet sich dadurch aus, dass Informationen verwertet werden, dass jeder einzelnen Information ein ***Wert*** beigemessen wird, dass ***jede*** Information einen Wert hat und als solcher behandelt wird. Bei einem Überangebot an Informationen muss eine Auswahl getroffen werden und daher gibt es kein richtig oder falsch, sondern nur eine Auslese nach ***willkürlich*** *(zufällig)* gewählten Kriterien oder Vorteilen. Eine Auslese (eine andere Form von Intelligenz) ist somit zufällig, aber auch notwendig, so wie es Jacques Monod betitelte.

Zufall und Notwendigkeit

Zusammenfassung

Wenn man Informationen als Voraussetzung für jede Form von Wahrnehmung betrachtet, dann dürfen diese Informationen nicht leer sein, sie müssen einen Inhalt haben. Dieser Inhalt, wie klein auch immer er sein mag, muss mehr als Nichts sein, er muss *träge* sein oder mit anderen Worten die Eigenschaft *Trägheit* haben.

Trägheit kann man somit als Eigenschaft einer Information betrachten und diese Trägheit ist für eine endliche Informationsgeschwindigkeit verantwortlich und damit für Parameter wie Raum und Zeit und letztlich auch für Wahrnehmung. Es besteht folglich ein fundamentaler Zusammenhang, eine fundamentale Komplementarität zwischen Trägheit, Raum und Zeit.

Dieser Zusammenhang ist komplementär und das bedeutet, dass kein Parameter durch die anderen Parameter ersetzt oder erzeugt werden kann. Diese Parameter ergänzen sich aber und sind für ein Verständnis der Wahrnehmung unabdingbar.

Andererseits machen Informationen nur Sinn, wenn sie auch empfangen werden oder zumindest empfangen werden können. Eine Information, die nicht empfangen wird, ist eine verlorene Information und auch nicht wertvoller als eine leere Information. Um sinnvoll zu sein, benötigen Informationen letztlich andere Informationen, mit denen sie sich austauschen können.

Vielleicht ist das Verlangen, sich auszutauschen genau das, was wir mit Affinität oder Anziehung bezeichnen. Dann haben auch Informationen komplementäre Eigenschaften, Affinität und Trägheit, genau die Eigenschaften, die die Gravitation hat oder die wir der Gravitation zuordnen.

Dieses Verlangen sich auszutauschen kann man aber auch als Verlangen interpretieren, (andere) Informationen zu verwerten und genau das entspräche einer sehr allgemeinen Definition von Intelligenz. Bei dieser Vorstellung von Gravitation wäre Intelligenz der Gravitation und damit auch dem Kosmos inhärent. Dann ist Gravitation *zwanghaft* intelligent, allein deshalb, weil Informationen andere Informationen benötigen, um nicht auszusterben.

Das entspricht aber dem Wesen der Evolution, dem Wunsch, nicht auszusterben. Dieses Bestreben nicht auszusterben, wäre somit der Evolution mittels Informationen bereits in die Wiege gelegt und somit wäre auch der Evolution ein gewisses Maß an Intelligenz inhärent. Diese Intelligenz ist etwas anderes als der von Menschen propagierte Intelligenzquotient, der recht willkürlich und auch unterschiedlich definiert wird.

Wie sich Informationen selbst organisieren könnten, ist bei diesem Modell die größte wissenschaftliche Herausforderung, da der ganze Bereich von einer grundlegenden Gravitation bis hin zum Elektromagnetismus <u>nicht</u> elektromagnetisch aufgelöst werden kann. Synchronisation könnte beim Verstehen dieses langen Weges sehr hilfreich sein, weil wir auch heute noch viele Beispiele von Selbstsynchronisation beobachten können.

Einige Beispiele hat Steven Strogatz in seinem Buch *Sync* hervorragend beschrieben. Eine Evolution des Kosmos beschreibt dann einen oder viele einzelne Prozesse, unregelmäßigen Ereignissen eine gewisse Regelmäßigkeit zu verleihen. Dabei gilt zu bedenken, dass in der Natur viele Entitäten existieren, bei denen Unregelmäßigkeiten erst *unter dem Mikroskop* erkennbar werden.

Unter dem Mikroskop steht hier stellvertretend für eine bessere Auflösung. Was im Kleinen oftmals ungeordnet oder unregelmäßig erscheint, entwickelt im Großen häufig ungeahnte Strukturen. Denkt man z.B. an die Brownsche Molekularbewegung, dann bewirken unregelmäßige Molekülbewegungen im mikroskopischen Bereich ziemlich gleichförmige Temperaturen im makroskopischen Bereich. Grund dafür ist, dass das Auflösungsvermögen im makroskopischen Bereich diese Feinheiten nicht mehr auflösen kann.

Dieser Effekt scheint sich wie ein roter Faden durch die gesamte Natur durchzuziehen. Viele Regelmäßigkeiten oder Gesetzmäßigkeiten machen sich erst im Makrokosmos bemerkbar und sind im Mikrokosmos überhaupt nicht wahrnehmbar. Bei einer zeitlichen Abfolge von Ereignissen ist das der *Filmeffekt*.

Daher kann man elektromagnetisch Gravitationseffekte auch nur als Film wahrnehmen, die einzelnen Bilder sind einer elektromagnetischen Beobachtung verschlossen. Das vermittelt ein ganz neues Bild der Physik oder der Physikgeschichte. Es ist die Aufgabe der Physik, Gesetzmäßigkeiten zu finden, die bestimmte Voraussagen ermöglichen.

Dabei muss beachtet werden, dass das physikalische Auflösungsvermögen im Laufe der Jahrhunderte dramatisch zugenommen hat. Zunächst beschränkten sich physikalische Gesetze auf makroskopische Zusammenhänge, die empirisch nachgewiesen werden konnten. Aus der Tatsache, dass Experimente in Europa im 18. Jahrhundert die gleichen Ergebnisse zeigten wie die gleichen Experimente in Amerika im 20. Jahrhundert, konnte eine gewisse *Invarianz* dieser Gesetze in der Zeit und im Raum abgeleitet werden.

Aus dieser *Invarianz* gleich auf unveränderliche Naturgesetze (übcrall und immer) zu schließen, ist aus wissenschaftlicher Sicht ein unverzeihlicher Fehler, er entspricht einer Extrapolation ins Unendliche. Mit berechtigter Hoffnung kann man die genannten 200 Jahre auf 10.000 Jahre extrapolieren, aber gleich bis in alle Ewigkeit? Dazu muss man schon eine gehörige Portion Gottvertrauen haben, dafür ist aber in der Wissenschaft kein Platz. Hinzu kommt noch, dass man diesem Gott unterstellen muss, dass er ein Fan von unveränderlichen Naturgesetzen ist.

Aber warum sollte Gott das wollen? Welchen Vorteil hätte Gott, wenn der Kosmos perfekt dumm wäre? Gar keinen! Im Gegenteil, er müsste jeder noch so kleinen Varianz hinterherlaufen, damit das Ganze nicht aus den Fugen gerät. Und warum sollte dieser Gott gerade den Menschen Intelligenz zugestehen, die damit überhaupt nichts anzufangen wissen?

Der genannte *Filmeffekt* macht deutlich, dass einige Gesetzmäßigkeiten vermutlich erst bei wachsenden Strukturen entstehen können (Emergenz) und nicht schon a priori vorhanden sein müssen. Gerade eine mögliche Intelligenz der kosmischen Materie würde die Wahrscheinlichkeit für emergente Naturgesetzte erhöhen.

Diese Abhandlung sollte zeigen, dass eine einzige Annahme, eine einzige Definition, in dem Fall die Frage, ob Materie Intelligenz hat, einen immensen Einfluss auf unsere Vorstellung von der Welt hat, wohlgemerkt unsere Vorstellung von der Welt. Als Teil des Universums ist uns das Erkennen selbst unmöglich.

Uns bleibt daher nur eine mythische Vorstellung unserer Welt und diese Vorstellung sollte allerdings frei von Paradoxien sein. Dafür ist es absolut notwendig, die Anzahl unveränderlicher Parameter so gering wie möglich zu halten. Jede dogmatische Annahme wird irgendwann einmal zu einem Bumerang.

Gravitation - die Geliebte des Zeus

Um den Gottesbegriff nicht überzustrapazieren, nenne ich die allwissende Virtualität nach alter griechischer Sitte Zeus. Zeus hatte zwar alle Möglichkeiten, wusste aber, dass ihm nur eine Einzige ein weltliches, ein reales Kind, den Halbgott Kosmos gebären konnte - seine geliebte und verehrte Gravitation.

Diese Geliebte war klug und wissbegierig, sie war aber auch zickig und eigenwillig, sie war irgendwie schizophren und komplementär, aber wahrscheinlich genau deshalb wählte er sie als Geliebte. Seine Geliebte durfte ihn nicht an Wissen übertreffen, das war schier unmöglich, aber sie sollte lernfähig sein und ihrem gemeinsamen Kind, dem Kosmos, eine gute Mutter und Lehrerin.

Deshalb versorgte Zeus seine Geliebte mit allen erdenklichen Informationen und erfreute sich daran, wie sein Kind lernte. Zeus wusste, dass der Lernprozess schwierig und mit Rückschlägen gepflastert ist, aber dank seiner Geliebten Gravitation, der Mutter von Kosmos, lernte dieser in aller Ruhe, mit diesen Schwierigkeiten umzugehen.

Mit der Zeit entwickelte Kosmos ganz neue und eigene Fähigkeiten, aber bei allen Neuerungen war seine Mutter, die Gravitation, immer die führende Hand. Dabei verliebte sich Kosmos in seine eigene Mutter und gebar mit ihr viele, viele Galaxien, so unzählig viele, dass eine Namensgebung aussichtlos wurde.

Zeus war darüber weder entsetzt noch böse, denn er wusste, dass Göttern und Halbgöttern alles erlaubt ist, egal was die Kinder, Enkel, Urenkel etc. von Kosmos davon halten. Zeus war sich bewusst, dass die irdische Kinderschar ihn sowieso nie verstehen würde, genauso wenig wie seine Geliebte, ihre Urmutter - die *Gravitation*, deren Liebe und Zuneigung die irdische Kinderschar zumindest erahnen kann.

Selbst ein Halbgott wie Kosmos ist für diese Kinderschar nur begrenzt verstehbar, weil es im Wesen von Kindern verankert ist, Grenzen auszuloten, was ihnen aber schon bei Halbgöttern verwehrt bleibt.

Zeus - der Erneuerer

Zeus ist der Herr der virtuellen Energie, der Schöpfer aller Möglichkeiten und der Meister der Erneuerung. Um sein Kind, den Kosmos, von schlechten und unbrauchbaren Erinnerungen, von verkrusteten Strukturen und Dogmen, von überflüssiger Materie zu befreien, besitzt Zeus die Fähigkeit, diese abzusaugen (Menschen werden das als schwarze Löcher bezeichnen) und sie wieder seiner Geliebten als frische jungfräuliche Informationen zur Verfügung zu stellen (Menschen werden sich das als weiße Quellen vorstellen).

Damit Zeus im Kosmos unerkannt bleibt, hat er einen einfachen Trick verwendet, er hat Intelligenz und Erkenntnisvermögen an Trägheit gekoppelt. Mit zunehmender Intelligenz wird Materie immer träger und ist damit nicht mehr in der Lage, der Beweglichkeit und Volatilität von Zeus zu folgen. Intelligenter Materie fehlt einfach das Auflösungsvermögen, um die Realität von Zeus jemals erkennen zu können.

Wenn Entitäten des Kosmos oder im Kosmos so intelligent werden, dass sie Zeus erkennen könnten, dann sind sie so träge, dass sie ihn nicht mehr auflösen können. Zeus verwendet ein ganz einfaches Prinzip, das Komplementaritätsprinzip, um sich vor einer Bloßstellung zu schützen. Virtuell ist damit gleichbedeutend mit nicht auflösbar oder mit nicht wahrnehmbar, wobei diese Wahrnehmbarkeit auch alle technischen Möglichkeiten einschließt.

Für uns Menschen ist, solange wir nur auf elektromagnetische Informationen zurückgreifen können, weder Zeus noch sein Erneuerungspotential erkennbar und wir müssen uns damit zufriedengeben, dass wir die Geschichte des Universums niemals wahrheitsgemäß erzählen können.

Schluss-Stein

Intelligenz der Materie kann als Schluss-Stein meines Gedankengewölbes betrachtet werden. Als Schluss-Stein oder Scheitelstein wird gewöhnlich der Keilstein am höchsten Punkt eines Bogens, einer Kuppel oder eines Rippengewölbes bezeichnet. Im übertragenen Sinne bedeutet er etwas, was den Abschluss, die Vollendung bildet.

Von meinen ersten Gedanken, die ich in dem Essay *Information und Kosmos* darlegte, entwickelte sich ein ganzer Pfad mit vielen Stationen. Information → Informationsspeicher → Komplementarität → Realität ⇔ Virtualität → Emergenz → Evolution → Intelligenz. Allein das Verständnis, dass Information und Informationsspeicher auf die gleichen Entitäten zurückgreifen, also <u>fast</u> das gleiche sind, aber doch nicht ganz, weil sie komplementär sind, hilft dem weiteren Verstehen.

Diese grundlegende Komplementarität verhindert eine <u>eindeutige</u> Beschreibung eines Vorgangs. Mit einfachen Worten heißt das, dass es keine Vorteile ohne Nachteile gibt. Eine ideale, perfekte Welt könnte sich nicht entwickeln. Perfektion und Evolution schließen sich gegenseitig aus!

Schon das ist ein Grund, weshalb es keine perfekten Naturgesetze geben kann. Naturgesetze können sich so langsam verändern, dass diese Veränderungen für uns Menschen mit unserem begrenzten Zeithorizont irrelevant sein mögen, nicht aber für diese Natur, unseren Kosmos oder unser Universum selbst. Unser eigener Zeithorizont erweitert sich kontinuierlich und diese Erweiterung machte überhaupt erst die Entdeckung der biologischen Evolution im 19. Jahrhundert möglich.

Evolution erzeugt Ordnung und verringert damit die Entropie. Dem steht die Erosion entgegen, die die Entropie anwachsen lässt. Die Ordnung darf aber nicht perfekt sein, sie muss kleine oder kleinste Fehler aufweisen, die sogenannten Mutationen. Die Häufigkeit dieser Mutationen ist für die Änderungsgeschwindigkeit einer Evolutionsform maßgeblich. Dabei sollten nachfolgende Evolutionsformen schneller sein als die vorangehenden, allein um diese verstehen zu können.

Das lässt sich als Intelligenz begreifen, vorhandene Informationen zu verwerten. Unterschiedliche Evolutionsformen lassen sich somit nach ihrer Änderungsgeschwindigkeit ordnen, beispielsweise kulturelle, biologische, physikalische und kosmische Evolution. Daran erkennt man bereits, dass die physikalische Evolution für uns Menschen auf der Erde kaum erkennbar und wirklich relevant ist.

Es ist daher nur vernünftig, nach Gesetzmäßigkeiten zu suchen, die Vorhersagen ermöglichen und wenn Änderungen selbst in 10.000 Jahren nicht nachweisbar sind, ist die Mission erfüllt. Physik und Evolution verhalten sich in etwa so zueinander wie Planwirtschaft und Marktwirtschaft. Auch in der Marktwirtschaft muss man Pläne machen, der Unterschied ist lediglich der Zeitrahmen.

Der andere, viel wesentlichere Unterschied ist die Flexibilität, die Fähigkeit, sich auf ein veränderliches Umfeld einzustellen. Das Umfeld ist so vielschichtig und vielfältig, dass eine einfache Ordnung unmöglich ist. Wie lassen sich beispielsweise Äpfel mit Birnen vergleichen? Dafür gibt es diverse Kriterien, diverse Wahrheiten und eben nicht die eine, die einzige und wahre Wahrheit.

Evolution kann damit umgehen, indem sie für ein Problem mehrere Lösungen vergleicht (Wettbewerb) und sich nicht auf eine einzige Lösung festlegt. Damit verliert eine Ursache-Wirkung-Kette ihre Eindeutigkeit, die Eindeutigkeit, die das Grundgerüst der Physik bildet!

Ohne diese Eindeutigkeit verliert aber auch die Vergangenheit ihre Eindeutigkeit und das hat dramatische Konsequenzen. Zum einen kennen wir unsere eigene Vergangenheit nicht genau. Wahrscheinlich gab es nur eine, aber wir wissen nicht, welche. Zum anderen muss die Vergangenheit nicht überall gleich sein und da eine endliche Informationsgeschwindigkeit die gleichzeitige Wahrnehmung weit entfernter Objekte verhindert, ist das auch gar nicht überprüfbar.

Evolution, auch wenn sie noch so langsam ist, steht einer Kosmologie, wie sie derzeit betrieben wird, entgegen. Evolution ist wie Zeit virtuell, hat aber eine a priori Intelligenz, weil es dem Wesen der Evolution entspricht, Informationen zu verwerten, auf Informationen zu reagieren und vor allem irgendwie ganz unterschiedliche Qualitäten zu *bewerten*, eine fast unlösbare Aufgabe.

Evolution löst diese Aufgabe auf die ihr ganz eigene Art, vielfältig. Evolution bemüht sich gar nicht um eine singuläre, eine monale Lösung, ganz im Gegenteil, sie lässt so viele verschiedene Lösungen zu, wie notwendig. Vorteilhaftere Lösungen werden häufiger verwendet als weniger vorteilhafte, aber ausgeschlossen wird nichts und Vorteile können sich ändern.

Das entspricht auch unserem eigenen Wesen. Man sagt, viele Wege führen nach Rom und wenn wir tatsächlich nach Rom fahren wollen, gibt es für die Routenwahl verschiedene Auswahlkriterien, Schnelligkeit, Attraktivität, Zwischenstopps, um nur einige zu nennen. Wir legen uns nicht auf ein Auswahlkriterium fest, sondern entscheiden nach Lust und Laune.

Viele Phänomene, wie beispielsweise den Welle-Teilchen-Dualismus, kann man nur erklären, wenn man ganz allgemein eine Komplementarität von Virtualität (Welle) und Realität (Teilchen) zulässt. Das gilt auch für eine virtuelle Zeit und einen realen Raum. Beide zu einer Raumzeit zu verknüpfen, widerspricht dem Prinzip der Komplementarität. Dasselbe gilt auch für virtuelle Energie und reale Masse. Beide sind in gewisser Weise äquivalent, aber Energie hat keine Struktur, ist ein reiner Rechenwert, Masse dagegen ist strukturiert.

Energie ist ein zeitloser Rechenwert und kann deshalb als Erhaltungsgröße verwendet werden, aber Energie ist nicht messbar. Wirkungen sind wahrnehmbar, nicht jedoch Energien! Diese sprachliche Genauigkeit ist unbedingt notwendig, um Missverständnissen vorzubeugen.

Virtualität beschreibt Möglichkeiten und für diese gilt ein sowohl...als auch, für reale Fakten gilt dagegen ein klares entweder...oder. Allein aus dieser Zuordnung ist sofort erkennbar, dass Virtualität und Realität nicht vermischt werden können und dürfen, beide müssen berücksichtigt werden, aber nicht in einem Konzept.

Genauso komplementär sind virtuelle Intelligenz und reale Materie, aber sie ergänzen sich zu einem Gesamtbild. Das eine ist ohne das andere nicht denkbar, aber das eine lässt sich auch nicht durch das andere darstellen. Ohne das Verständnis der Komplementarität lässt sich unsere Welt nicht verstehen. Wenn man diese Komplementarität nicht berücksichtigt oder durch ein Gleichheitszeichen einfach wegwischt, entstehen Paradoxien, die wir in der Physik zuhauf antreffen.

Aber das kennen wir ja schon, wenn wir Äpfel mit Birnen vergleichen, die zwar ähnlich aussehen, aber nicht das Gleiche sind. Aus der Entfernung, bei unzureichender Auflösung, sehen Äpfel und Birnen vielleicht gleich aus und das sollte uns eine Mahnung sein, nicht alles zu glauben, was wir sehen. Als Agnostiker weiß man: ***Wir wissen nicht, was wir nicht wissen!***

Die Intelligenz der Materie ist der Schluss-Stein, der alles zusammenfügt.

Literatur

- R. Axelrod: *Die Evolution der Kooperation*
- S. Blackmore: *The Meme Machine / Die Macht der Meme*
- V. Braitenberg: *Das Bild der Welt im Kopf*
- R. Brodie: *Virus of the Mind*
- F. Cramer: *Der Zeitbaum*
- S. J. Gould: *Zufall Mensch*
- G. Hiller: *Das kreative Universum*
- G. Hiller: *Die Farben der Zeit*
- G. Hiller: *Symbiotic Cosmos*
- G. Hiller: *Evolution vs. Physik*
- D.R. Hofstadter: *Gödel, Escher, Bach*
- A. v. Humboldt: *Kosmos*
- J. Huxley: *Evolutionary Humanism*
- D. Kahnemann: *Thinking Fast and Slow*
- N. Luhmann: *Einführung in die Systemtheorie*
- S. Mancuso: *Pflanzenrevolution*
- S. Mancuso/A. Viola: *Die Intelligenz der Pflanzen*
- D. Meadows: *Die Grenzen des Wachstums*
- J. Monod: *Zufall und Notwendigkeit*
- S. Strogatz: *Sync*
- J. Surowiecki: *The Wisdom of Crowds*

Günter Hiller

Geboren 1943, graduierte 1970 von der Technischen Universität Berlin mit dem Diplom in Physik. In den folgenden 17 Jahren lebte und arbeitete er als Geophysiker in 15 verschiedenen Ländern, immer in Kontakt mit fremden Kulturen und deren Denkweisen. Aus familiären Gründen kehrte er nach Deutschland zurück, wo er in der Mess- und Regeltechnik und als Technischer Leiter für die Entwicklung von Tierhaltungssystemen beschäftigt war.